Brigitte Kronauer

Die Wiese

Erzählungen

Mit einem Nachwort
der Autorin

Philipp Reclam jun. Stuttgart

Umschlagabbildung:
Brigitte Kronauer. Foto von Peter Peitsch

Universal-Bibliothek Nr. 8921

Gesamtherstellung: Reclam, Ditzingen. Printed in Germany 1993

ISBN 3-15-008921-2

Inhalt

V

Porträts

VI

Strophen zu einer Beobachtung

0. Die Tür des Klassenraums wurde geöffnet. Ein Mädchen mit starr gehaltenen Augen und sehr rotem Gesicht rief einen so undeutlichen Satz in das Zimmer, daß ihn nur die nahebei sitzenden Schüler verstehen konnten. Sie sprangen augenblicklich schreiend von ihren Plätzen hoch und stürzten hinter dem Mädchen nach draußen. Alle anderen folgten ihnen, plötzlich mit ebenfalls starr gehaltenen Augen. Sie stürmten, ohne mich zu beachten, an mir vorbei, so daß es zwecklos war, sie daran hindern zu wollen. Ich sah, wie sie auf dem Flur bis zu den Toiletten rannten, dort kurz stehenblieben und im gleichen Moment laut aufkreischten, als hätten sie sich sehr erschreckt, und schon hetzten die ersten, während der Rest nachdrängte, wieder auf die Klasse zu. An der Tür kehrten sie jedoch sofort um, immerzu kreischend, und jagten, wobei sie auf die letzten prallten, die von der Toilette zur Klasse liefen, an die Stelle zurück, und dort wurde ihr Quieken noch greller und höher. Sie klammerten sich aneinander mit leuchtenden Augen, ihre Gesichter glänzten, manche schwitzten und schüttelten sich, wandten sich um und sprangen wieder zur Klassentür. Sie rissen die Münder auf, schrien und lachten gleichzeitig, und kaum hatten sie einige Sekunden ruhiger geatmet, drehten sie sich um und rasten zu dem eben verlassenen Platz, wo der Schrei seinen gellendsten Ton erreichte. Auf den schwarz-weißen Steinfliesen lag ein abgenagter Tierschädel. Ich sah ihre Augen, strahlend, entsetzt und sie selbst unermüdlich, sich den Schrecken wieder und wieder in alle Glieder fahren zu lassen.

1. Im Alter von vier Jahren bin ich mehrere Wochen krank. Ich höre von draußen das Geschrei der spielenden Kinder, so daß ich Angst und Wut habe, etwas zu versäumen. Ich höre den Lärm der heißen Sommernachmittage in den Gärten und auf der Straße. Es bleibt mir nichts anderes übrig, als auf die Geräusche zu achten, zu warten, daß jemand durch die Scheiben ins Zimmer sieht oder die Risse in der Wand anzukucken. Neben meinem Kopf steht auf einem Tisch eine große geblümte Tasse mit Milch. Ich kann, wenn ich mich etwas aufrichte, ohne die Tasse zu berühren auf die runde, weiße Fläche sehen. Wenn ich die Tasse leicht hin und her schwenke, versetze ich die Oberfläche in Bewegung, aber nie gelingt es mir, unter die schwankende Platte zu schauen, auch wenn ich einen Finger reinstoße oder einen Schluck abtrinke, schaffe ich es nicht. Die Scheibe hat sich, genauso undurchsichtig wie eben noch, nur ein bißchen gesenkt. Ich denke aber, daß man also gar nicht wissen kann, ob nicht ein Tier auf dem Grund der Tasse hockt, und sofort stelle ich sie wieder ab und will keinen Schluck von der undurchsichtigen Milch mehr trinken. Nach einer Weile trinke ich aber wieder ein bißchen und fürchte, dem Tier ein Stück näher gerückt zu sein. Es kann sich auch an meinen Lippen festsaugen. Mir graut vor dem plötzlichen Anblick, aber ich trinke mich den Nachmittag über in winzigen Schlücken, obwohl ich keinen Durst habe, weiter voran und erwarte spitze Ohren oder Glitschiges, Kaulquappenartiges und schließlich, kurz vor dem Grund, ganz Plattes, bis die Tasse leer ist. Jeden Nachmittag während meiner Krankheit stelle ich es mir zu dem lauen Geschmack der Milch von neuem vor und rolle sie lange zwischen den Gaumenwänden und befühle sie mit meiner Zunge.

2. Im Alter von fünf Jahren interessiert mich ein Spiel mit Fängern und Verfolgten, das gerade auf unserer Straße in Mode kommt. Schlauen Läufern gelingt es, sich ihren Verfolgern zu entziehen und diese zu ermüden, indem sie Hindernisse in den Weg werfen oder sich hinter Vorsprüngen verstecken. Mir fehlt dazu aber die Übersicht, und ich atme auch gleich am Anfang viel zu rasch, um es lange durchstehen zu können. Daher halte ich mich in der Regel bei einem Schwarm von Kindern auf und werde auf diese Art zunächst nicht beachtet und erst mit den letzten eingefangen. Wir springen meist einem Fänger, der sich nicht entscheiden kann, wen er nun beharrlich verfolgen soll, vor der Nase herum und reizen ihn, bis er auf einen von uns losschießt. Ich genieße es, die kleine Aufregung mitzubekommen und dann jedoch verschont zu werden. Manchmal aber, wenn ich mich ganz sicher fühle, bewegt sich der Fänger in meine Richtung. Schon das erfüllt mich mit solchem Schrecken, daß ich auf diese erste Geste hin flüchte. Oft gibt er es dann gleich wieder auf, aber nicht zuverlässig immer. Dann spüre ich seine Schritte hinter mir, in meinem Rücken, ohne genau zu wissen, wie nah er ist. Ich wage nicht mich umzudrehen, habe aber das Gefühl, nur noch auf der Stelle zu treten. Ich fühle ihn also näherkommen und werde, obschon ich fliehen will, immer langsamer und unfähiger, ihm zu entgehen. Es macht meine Beine steif, ich schreie aber, als könne ich ihn damit aufhalten, und stehe schließlich still, gelähmt, meist gegen eine Mauer gepreßt und erwarte ihn mit klopfendem Herzen auf diesen langen letzten Metern, bis er mich endlich berührt.

3. Im Alter von sechs Jahren stürze ich in eine Glasscherbe, die in den Trümmern liegt. Eine große blutende

Wunde entsteht, die obendrein ganz mit Dreck bedeckt ist. Ich breche sofort in Geschrei aus, noch ehe das Blut wirklich zum Vorschein kommt. Einige Kinder helfen mir, zu einer niedrigen Mauer zu humpeln. Ich lege mein Bein waagerecht darauf und weine immerfort, denn es tut sehr weh und brennt. Außerdem ist ein Strumpf zerrissen worden, und zum ersten Mal seit langer Zeit habe ich bis zu diesem Augenblick heile Kniescheiben gehabt. Das Blut tritt nun aus der Wunde und tropft und quillt unter dem Druck hervor. Dieser Anblick verstärkt meinen Schmerz. Ich schluchze und seufze und betrachte das Blut, wie es in verschiedenen Bahnen rechts und links des Knies abwärtsfließt. Es geht eigentlich ziemlich langsam, es ist dunkel und dickflüssig, und deshalb kann ich verfolgen, wie es sich voranschiebt, millimeterweise, es gibt dabei ein neues Gefühl, ein Kribbeln und Kitzeln auf der Haut, das mir noch nie so stark zu Bewußtsein gekommen ist, ein Jucken, bei diesem ganz allmählichen Voranschieben des Blutes. Ich spüre meine Haut plötzlich wie noch nie zuvor immer dort, wo das Blut endet, an der Spitze der roten Linie, und jetzt halte ich mein Bein schräg, so daß das Blut das gesamte Schienbein herunter kann, aber nicht zu schief, damit es nicht schnell abwärtsschießt. Ich kann es durch die Stellung meines Beines lenken, es streicht an meinem Bein entlang, das nun blutverschmiert aussieht. Das Blut läuft in den Strumpf und den Schuh, ein gräßlicher Anblick. Ich sträube mich, als ein großes Mädchen mich zum Verbinden ins Haus bringt, denn nun strömt das Blut heftig aus der Wunde und verbraucht sich, anstatt so langsam und spürbar und träge wie eben noch zu sickern.

4. Im Alter von sieben Jahren finde ich in den Trümmern, die unserem Haus gegenüberliegen, beim täglichen

Vordringen auf der Suche nach Gußeisenstücken, Stoffresten und bunten Kachelteilen ein totes Tier, das einer Maus gleicht, aber viel größer ist. Ein sofort versammelter Haufen von Kindern stellt fest, daß es sich um eine Ratte handelt. Einige behaupten, daß sie deshalb und aufgrund ihres Todes äußerst giftig sei. Augenblicklich beginne ich mich zu ekeln. Ich kucke das fette graue Tier an mit seinem kräftigen langen Schwanz, und mir kommt zu Bewußtsein, daß ich es um ein Haar berührt hätte. Die Ratte liegt zwischen Schutt und Abfall. Ein Stück weiter sehe ich eine Rasierklinge. Ich spüre, während wir die Ratte betrachten und mit kurzen Stöcken hin und her drehen, ein Würgen im Hals. Ich meine, ich müsse mich nun übergeben, und sage, man solle der Ratte mit der Rasierklinge den Schwanz abschneiden. Die Kinder krempeln die Unterlippen um. Ich nehme das Werkzeug, hocke mich vor die Ratte hin und drücke ihren Körper mit einem Stein auf den Boden. Mit der freien Hand schneide ich am Ansatz des Schwanzes. Das Gefühl in meinem Magen wird immer dringlicher. Ich weiß aber, daß ich es unbedingt tun muß. Ich würde es auch ohne Zuschauer ausführen. Eine Weile scheuere ich die Rasierklinge über den Schwanz. Ihr Leib sackt hin und her, bis er endlich abgeschnitten ist. Dort liegt die Ratte mit ihren bloßen Zähnen und hier der feste biegsame Schwanz. Ich werfe die Klinge weg und wasche mich zuhause gründlich, putze mir die Zähne und streite es ab. Ich schließe die Augen und weiß wieder genau, wie es war.

5. Im Alter von acht Jahren betrete ich einen umzäunten öffentlichen Rasen. Ich habe mich an diesem Tag ziemlich weit von zu Hause entfernt, um Blumen zu pflücken. Da es um unser Haus herum nur andere Häuser und Trüm-

mer gibt und in den kaputten Gärten immer gleich alles abgerissen wird, kann ich nur im Stadtpark welche finden. Ich gehe also auf die große Rasenfläche am Eingang und beginne, indem ich mich hinhocke, Gänseblumen abzureißen, die sich in der Sonne weiß und rötlich öffnen. Ich bewege mich, wenn ich an einer Stelle fertig bin, ohne mich aufzurichten ein Stück weiter, ich schiebe meine Füße einfach vorwärts und sehe kein Mal auf. In kurzer Zeit ist ein Strauß gesammelt, den ich kaum noch halten kann in einer Hand. Ich will nun schnell weg damit und hebe, noch bevor ich meine Knie wieder strecke, also an den Boden geduckt wie beim Pflücken, den Kopf. Ganz hinten, vom rot bestreuten Eingangsplatz her, wo ein riesiger, eiserner Soldat steht mit einem Stahlhelm und geschlossenen Augen als schliefe er, kommt ein Polizist mit Stiefeln und einem Knüppel an der Seite auf mich zu. Er geht direkt auf mich zu und sieht schon von weitem zu mir hin. Er geht ganz langsam und ist sehr groß, er macht ruhige Schritte und sieht mich aus dieser Entfernung an. Ich merke, wie mein Herz zu schlagen beginnt und mein Kopf dick und rot wird. Ich sehe es auf mich zukommen, ich drücke mich an den Boden und nun ist es beinahe so, obschon ich noch immer weglaufen könnte, als zöge ich ihn zu mir heran, als müsse er jetzt auf mich zukommen, als könne er gar nicht anders. Er beachtet nichts mehr außer mir, ich rücke die Schultern hoch und rühre mich nicht von der Stelle. Wir sehen uns an, er beschleunigt nicht seine Schritte, es dauert lange.

6. Im Alter von neun Jahren sitze ich eines Tages auf der Treppe unseres Hauses. Ein Mann in einem Fischgrätenanzug kommt auf mich zu und bittet mich, ihm den Weg zum Polizeipräsidium zu zeigen. Mir fällt sofort ein, daß

man es auf keinen Fall tun darf. Ich sage ihm, wie er gehen muß. Es ist ganz in der Nähe, hinter zwei Häuserblöcken, an einer langen Reihe von zerstörten Häusern vorbei. Er bittet mich aber noch einmal mitzukommen. Ich sehe bis jetzt immer nur seine Fischgrätenhosenbeine an, und nun schaue ich richtig hoch zu ihm. Ich denke noch immer daran, daß ich nicht mit fremden Männern gehen darf, aber er trägt einen Hut, der sein Gesicht halb verdeckt. Ich denke, daß ich ihn ruhig ein bißchen begleiten kann, weil ich ja sofort, wenn ich es nur will, zurückrennen werde. Ich stehe auf, und wir gehen unsere Straße entlang, und ich esse ein Bonbon von ihm. Ich sehe runter auf die großen, rechteckigen Steine des Bürgersteiges und überlege bei jedem neuen Stein, ob ich nun gehen soll, mich einfach umdrehen und weglaufen soll. Ich kucke zu ihm hoch und zu dem Hut, der sein Gesicht halb verdeckt, und will noch ein Stück mit. Ich gehe diese Straße, die mir sonst so endlos vorkommt, ganz leicht und fast schwebend, und als ich mich schließlich umwende, bin ich erstaunt, daß sie nun wirklich aufgehört hat und daß wir in eine andere einbiegen, in die, wo die vielen halb zerfallenen Häuser stehen und solche, die man gerade aufbaut. Ich will nun eigentlich umkehren, aber ich kann mich nicht trennen von dem Mann, der dicht neben mir geht mit seinem Hut, der das Gesicht beschattet. Als er vorschlägt, in einem der Häuser nachzusehen, ob dort etwas für ihn läge, bleibe ich immer noch bei ihm. Ich wundere mich, daß ich nicht weglaufe. Ich wundere mich, daß ich mit diesem erwachsenen Mann trotz seines verdunkelten Gesichtes nun eine Kellertreppe runterklettere. Oben kommt ein anderer Mann vorbei. Er schaut zu uns her, und sogleich steigt der Mann die Treppe wieder rauf und ist schnell fort. Der andere ruft mich hoch und schickt mich nach Hause. Ich laufe aber nicht, ich bleibe noch eine Weile stehen und gehe dann langsam weg. Ich habe noch ein bißchen dieses Gefühl, ich zögere es hinaus und dehne es, bis es immer gefährlicher wird.

7. Im Alter von zehn Jahren verbringe ich die Ferien auf einem Bauernhof, der rundum von Äckern und Wiesen umgeben ist. Tagsüber erscheint mir alles freundlich und sonnig, wenn auch der Geruch der Kühe und des Mistes und der Erde, die schwer an den Schuhen hängen bleibt, und der rauhe Ton und die rissigen Hände der Bauersleute mich bedrücken und traurig stimmen. Zum ersten Mal empfinde ich durch dies alles in starkem Maße das Fremde. Es ist tatsächlich vor allem der Geruch, der dieses Gefühl bei mir auslöst, so daß ich an der Wäsche in meinem Koffer rieche, um mich richtig an zuhause erinnern zu können und mich auf diese Weise zu trösten. Die Wäsche duftet wirklich wie meine Mutter, die ein bißchen von ihrem Parfüm dazwischen gesprengt hat. Abends ist es um das Haus herum stockdunkel, wenn der Mond nicht scheint. Man sieht keine Lichter von anderen Häusern. Es ist daher angenehm, noch einige Zeit drinnen zu sitzen, wo eine Lampe brennt und Taschentücher gebügelt werden. Ich denke daran, wie gut es ist, daß ich nicht über die Wiesen gehen muß. Ich stelle es mir vor und spüre kleine Wirbel im Bauch. Ich öffne die Tür, ein Lichtschein fällt in die Dunkelheit, ich schließe sie hinter mir, um mir vorstellen zu können, wie gräßlich es in der Finsternis wäre. Ich gehe an die Rückseite des Hauses, wo auch durch die Fenster kein Licht mehr nach draußen dringt, wo ich nun ganz im Schwarzen stehe, doch mit dem Rücken zur Hauswand. Ich atme nicht, die Dunkel-

heit scheint sich heranzuwälzen und fest und erstickend um meinen Hals zu drücken. Ich renne ins Helle. Dort beruhige ich mich. Am nächsten Abend gehe ich wieder nach draußen und an den folgenden Abenden auch. Ich fühle immer den Augenblick kommen, wo ich es nicht mehr ertrage und mit weit geöffnetem Mund ins Zimmer renne.

8. Im Alter von elf Jahren komme ich zur Erholung in ein Kinderheim an der See, das von freundlichen Nonnen geleitet wird. Sie beten während des Essens und beaufsichtigen die Spiele. Die größeren Ausflüge aber macht eine Kindergärtnerin in einer gestärkten weißen Schürze mit uns. Eines Tages fahren wir zu einer Wattwanderung. Wir sehen diese neue Landschaft an, den Matsch mit dem Wasser darüber. Alle müssen sich Schuhe und Strümpfe ausziehen und in den Matsch treten, der mit den Ausscheidungen der Wattwürmer bedeckt ist. Es sieht aber aus, als wären es die zusammengeringelten Würmer selbst, in die wir mit bloßen Füßen reintreten sollen. Auch die Kindergärtnerin, fast so etwas wie eine Nonne in ihrem gestärkten, leuchtend weißen Zeug, stapft schon mit nackten Füßen in das Wasser, und ich beobachte, wie der Schlamm zwischen ihren Zehen nach oben glitscht. Sie lacht aber nur, als mache ihr das Spaß, und winkt uns zu. Wir müssen alle hinterher, und viele Kinder quieken zuerst. Wir ziehen alle unsere Füße nach jedem Aufstützen rasch hoch in die Luft und versuchen, nicht auf die Häufchen zu treten. Ich schaue zu der Kindergärtnerin, die ihre Füße breit und langsam aufsetzt und den Schlamm zwischen den Zehen durchpreßt. Nun spüre ich es auch an mir, wie sich dies schwarze glitschige Zeug hindurchschlängelt, feucht und kitzelnd, ich sehe es bei

mir selber an und trete nun auch langsamer auf und lasse so den Matsch allmählicher durch. Ich fühle ihn so sehr deutlich. Ich sehe die Freude der Kindergärtnerin darüber, wie sich der Matsch bei ihr durchdrückt. Sie zeigt es unverhohlen. Aber ich zeige es nicht, ich quieke weiter und trete mit den Füßen unter Wasser ganz langsam und gleitend auf.

9. Im Alter von zwölf Jahren werde ich mit einer Blutvergiftung ins Krankenhaus eingeliefert. Der rote Strich läuft vom Handgelenk meinen Arm bis zur Achselhöhle hoch. Man bringt mich durch lange Gänge mit blanken, geschlossenen Türen. Ich rieche Karbol und kann nicht umkehren wie in der Badeanstalt beim Riechen des Chlors. Meine Mutter hält mich fest an der Hand. Auf der anderen Seite geht eine Schwester, die frisch und freundlich zu mir spricht, mit gellender Stimme in den leeren Gängen. Alles ist weiß in den Zimmern, die wir betreten. Ein Arzt redet mit mir, auch laut, sorglos und munter. Ich werde auf einen Tisch gelegt. Zum ersten Mal in meinem Leben legt man mich auf einen solchen Tisch. Ich liege ganz flach darauf. Man faßt mich an, aber ich richte mich auf und will vom Tisch hinunter. Ich weine. Man kann mich nicht einfach flach auf einen Tisch legen. Ich haue die Hände, die nach mir greifen, weg, aber sie drücken mich runter. Ich fühle diese kräftigen Hände an meinen Armen, wie sie mich wieder auf den Tisch drükken und dort platt ausbreiten, ich fühle es mit meinem ganzen Körper. Ich mache noch einen Versuch. Ich will es nicht an meinem ganzen Körper spüren, ich will mich wegbiegen, aber man schnallt mich fest mit breiten schwarzen Riemen. Sie binden mich auf den Tisch, so daß ich mich nicht mehr rühren kann, sie aber alles mit mir

machen können. Ich schreie und versuche mich noch immer zu wehren, obschon ich dies doch überall und mit meinem ganzen Körper spüre, wie es mich auf die Tischplatte drückt. Ich denke an Mädchen in zerrissener Kleidung, die mit überkreuzten Bändern an Pfähle gewickelt sind, ich sehe es vor mir, und an meinen Handgelenken sind die glatten Riemen, die sich von meiner Haut abheben, und ich kann mich noch winden und bäumen und spüre die Riemen kalt und eng, je mehr ich mich wehre, desto kälter und enger.

10. Im Alter von dreizehn Jahren besuche ich Verwandte in einer entfernten Stadt. Es gibt dort eine Reihe von Kindern, Vettern und Kusinen ausnahmslos, einer der Vettern ist schwammig und fett am ganzen Körper. Bei einem Spaziergang am Nachmittag legt er immerzu seine Hand auf meine Schulter, ich spüre seine weiche, feuchte Hand und werfe sie mit einem Schulterzucken ab, aber kurze Zeit später liegt die Hand wieder dort, und so geht es den ganzen Weg. Ich drehe mich weg. Seine Hand faßt schwer und unermüdlich meine Schulter. Ich werde wütend, er ist mir zuwider, ich will die Hand von niemandem auf meiner Schulter fühlen, ich hasse das Schwere, Nachdrückliche, diesen Zwang und die Zähigkeit und Absichtlichkeit und Bedeutsamkeit, mit der er die Hand wieder dorthin bringt. Ich halte mich den Rest des Tages von ihm fern. Am anderen Morgen regnet es, und wir verbringen einige Stunden im Zimmer. Viele Kinder laufen herum, alle sind zu einem Familienfest gekommen. Den Vetter beachte ich nicht. Ich sitze auf meinem Stuhl und lese. Plötzlich spüre ich, wie der Stuhl sich bewegt. Er hebt sich an den Vorderbeinen vom Boden und rückt nach hinten. Auch ich rutsche gegen die

Lehne und sehe nun rechts und links von meinen Schultern die Hände des Vetters, der den Stuhl sachte nach hinten zieht. Er macht es ganz allmählich, ich spüre keinen Boden mehr unter den Füßen, ich hänge in der Luft, aber ich kann nicht fallen, weil er den Stuhl fest in der Schwebe hält. Mein Kopf fällt in den Nacken und meine Knie steigen höher. Er läßt den Stuhl eine Weile in dieser Lage, dann schiebt er ihn genauso langsam zurück und dann wieder zieht er ihn heran. Ich sage mir, daß ich es nicht will, daß ich es hasse, das mit mir machen zu lassen, und immer, wenn ich mich daran gewöhnt habe, macht er es einmal zwischendurch blitzschnell. Ich sitze auf meinem Stuhl und sehe ihn nicht an, und keiner sagt etwas.

Wechselnde Ereignisse in gleicher Bewegung I

1. Ich saß jetzt schon, obwohl ich noch immer diese Menge von kleinen Handgriffen zur Säuberung des Körpers, um zu frühstücken, diesen Stau, dies Gedränge von Unternehmungen vor Augen hatte, tagtäglich hier herum, sah, wie die Wellen, von anderen wieder zerteilt, die Ansicht des Bodens mit den Tanggewächsen verzerrten, so daß man trotz besseren Wissens diese entstellte für die wirkliche halten mußte, obschon der Meeresboden hier ganz langsam abfällt. Nach einer Weile dachte ich: Was läßt sich hierüber sagen, was interessiert mich an dieser Stelle? Ich denke, daß dabei seltsamerweise Zeit vergeht, daß mich an alledem nichts weiter interessiert und daß es genug und alles ist, und nichts fällt mir ein, und ich kann jetzt noch immer nicht wegsehen. Und jetzt bereits dachte ich auch: Was wünsche ich mir letztenendes, ein Ziel nach dem anderen, letztenendes soll immer dies und das zuendegehen, es soll weitergehen auf etwas Neues hin, auf dessen Beendigung ich aus sein werde. Ich sehe diese Beendigungen als Summe, es bleibt nichts als der Wunsch nach Beendigungen. Das ist es im Grunde, was ich will, ohne es unbedingt, wütend zu wollen. Es läuft aber darauf hinaus, sobald ich aus meinen Gefühlen die Konsequenz ziehe. Und schließlich schon wurde ich wach und dachte an diesem Morgen, es müsse sehr leicht und das Beste sein, dies alles, die Schlafenden und das Zimmer zu verlassen, wegzugehen und aufzuhören, weil ich ohne Empfindung war, es blieb nichts übrig, ich war ohne Freude und Schmerz, aber ganz ruhig. Ich wollte nun auch von mir weggehen, ich dachte, es müsse jetzt

möglich sein, mich selbst zu verlassen, vielleicht nie wieder so einfach, weil ich so leer war, selber ganz leicht und leer.

5. Jetzt schon, während ich auf dem bewachsenen Boden zwischen Pflanzen, die mir alle bekannt waren, ohne daß ich jemals vorher so viele verschiedene Arten in natürlicher Weise beieinander gesehen hätte, etwas mühsam vorankam, wurde mir das Vorhandensein einer besonderen Zone bewußt, eines nicht sehr ausgedehnten Fleckens mitten in dem Gestrüpp der Gräser, Disteln und Blumen, ein Stück weiter vorn, obwohl ich noch immer auf einer überall mit der gleichen Vegetation ausgestatteten Fläche ging und soweit ich sah, also auch über diesen gewissen Bereich hinaus, keine Veränderung feststellen konnte. Ich spürte aber, daß die Stelle sich wesentlich von der sie umgebenden Wiese unterscheiden würde, sobald ich sie erreicht hätte. Vor mir begann eine kleine Erhebung, ein schmaler Kamm, so niedrig, daß sich beide Hälften der Wiese, deren Achse er darstellte, in meinem Gesichtskreis befanden, links lag das Gebiet, dem ich mit einer bestimmten Erwartung entgegensah, und ich konnte jetzt noch immer keinen Anhaltspunkt für eine Unterscheidung bemerken, und doch mußte irgendein Hinweis, ohne daß ich ihn begriff, mich überzeugt haben. Ich stand nun direkt davor, es gab keine sichtbare Grenze, und jetzt bereits hatte ich den Platz betreten und nichts, wirklich nichts war anders als nebenan. Man stieß an keinen heimlichen Zaun, eine vertraute Gegend demnach bis auf eine einzige Abweichung, nein, schließlich schon einen Kontrast: Draußen, einen Schritt nur von mir entfernt, blieb es laut, dort hörte man wie noch eben den Lärm, von Wellen und weidenden Tieren, hier war es zuende, ein

Raum, leer von Geräuschen, offen scheinbar, doch heiß und ganz still, und ich sah ohne Hindernis jene Luft, voll von Klatschen und Schreien und Summen, hier aber diese, ganz stumm.

9. Man erfaßte jetzt schon diese beiden Dinge mit ein und demselben Blick: den schreienden, unentwegt flatternden Vogelschwarm, der plötzlich um einen Hügel gestoßen war und weit davongerückt, den rundlichen, festen Wald. Ich sah dies auf einen Schlag und ohne den Kopf von dem einen Gegenstand zum anderen wenden zu müssen, und nichts weiter in diesem Umkreis erweckte meine Aufmerksamkeit, und noch immer schossen die lauten grauen Vögel mit vorgerecktem Hals und heftigen Flügelschlägen durch die Luft, dies an der ersten seitlichen Begrenzung meiner Aussicht, an der zweiten stand massiv und glänzend wie ein gestürzter Pudding der Wald. Die Vögel fielen nun tiefer, sie bewegten sich in federnden Schwüngen über die Wiese, die den Wald umgab, sie näherten sich also, wobei sie aber nicht stetig vorwärtsflogen, vielmehr verlegten sie ihre Schleifen nur allmählich auf den Wald zu, und zwischen ihm und dem lärmenden Vogelhaufen bestand jetzt noch immer ein deutlicher Abstand. Die beiden Dinge waren getrennt voneinander und wirklich klar zu unterscheiden, die Annäherung der Vögel war die einzig denkbare Beziehung zwischen ihnen, diesem geschlossenen, kuppelig glatten Wäldchen und dem kreischenden, spitzen Zug der Tiere. Doch jetzt bereits hatte dieser die Oberfläche des Waldes mit dem ersten Schnabel berührt. Der Wald riß auf, und sogleich fuhren die Vögel rauschend in ihn hinein, er hatte sich geöffnet, zersprang und schluckte die Vögel im Nu, es gab keine Vögel mehr, nur den verän-

derten, lebhaften Wald. Er zuckte an allen Stellen. Es mußte der Wald sein, der, gesträubt, schließlich schon aus eigenen Lungen kreischte.

11. Ich hörte jetzt schon ein leises Knistern oder Räuspern in der Nähe, eine Art Scheuern und Husten, ein winziges Flöten und Nagen, obschon die Urheber dieser Geräusche noch immer unsichtbar waren. Ich betrachtete zunächst flüchtig, dann genauer die Halme, die Erdklumpen und Steine um mich her, die Wurzeln und kleinen Büsche, und ich fand überall verborgene Höhlen und Löcher, Netze, Nester und Eingänge. Ich dachte darüber nach, von welchen Lebewesen dieser geringfügige aber beharrlich erzeugte Lärm stammen könnte, und hoffte plötzlich, da ich niemanden entdeckte, so weit und gründlich ich auch sah, daß mir zu allen Geräuschen mögliche Ursachen einfallen würden, um mich daran zu beruhigen, weil alles dann ja in Ordnung wäre. Kein Tier ließ sich blicken, und ich konnte mich nicht einhören, die Laute kamen zu unregelmäßig und gleichzeitig wie aufeinander abgestimmt, ein geheimes Einverständnis schien es hier zu geben, gezirpte Signale, geklopfte Antworten. Ich sah jetzt noch immer ohne Erfolg die Büsche mit halb von der Wiese überwucherten Löchern an, obwohl sich die Geräusche verstärkten und näherten, ja, jetzt bereits tauchten aus allen Richtungen Käfer unterschiedlichster Sorten auf, mit einem Mal wie aus den Halmen geplatzt, auch Spinnen sanken an Fäden aus der Luft, Vögel, die Steine mit den Schnäbeln umdrehten, besonders aber Schmetterlinge, die Mehrzahl der bunten Flecken in dieser Gegend erhob sich zu Schmetterlingen, deren blinde Zutraulichkeit mich überraschte. Sie schienen mich gar nicht wahrzunehmen, so furchtlos waren sie

um mich herum, flatternd um Gesicht und Hände, die Käfer, weiß und länglich jetzt, liefen mir über die Knie, von den Haaren warfen sich Spinnen herab. Oder sie nahmen mich ganz entschieden wahr, ich gewann allmählich den Eindruck, daß sie mich allen Ernstes meinten, sie umstrichen mich, sie hielten sich nicht mehr in ihrem Versteck auf, nicht mehr in der Wiese, sondern nur noch bei mir, und ihre Zahl stieg an, ich spürte sie auf meiner Haut inzwischen, sie drängten und schmiegten sich überall an mich. Ich klatschte in die Hände, sprang auf, sie erschraken nicht. Sie hafteten an mir, und ich konnte sie schließlich schon nicht mehr entfernen. Sie klebten auf meinem Fleisch, bedeckten, umspannten mich mit immer heftigerer Zärtlichkeit, Inbrunst, Begierde.

15. Schon jetzt konnte man nicht mehr wissen, was hinter der dünnen Wand aus lose beieinanderstehenden Halmen, die das kreisrunde Loch, in dem ich saß, umgaben, existieren würde. Man konnte es nicht ganz genau wissen, weil man, auf dem Boden der Senke hockend, jenseits der in die Luft stechenden Halme nichts mehr sah, aber noch immer blieb innerhalb dieser Begrenzung die Sonne erkennbar, sie schien direkt von oben in die Vertiefung hinein, sie zielte geradewegs auf die Mitte. Ich war abgeschnitten von dem, was außerhalb lag, kreisrund herausgeschnitten aus allem Übrigen. Ich konnte mitsamt dieser Mulde irgendwo sein, abgelöst inzwischen von der Umgebung. Ich konnte schweben, treiben, ohne es zu merken, es gäbe keinen Anhaltspunkt mehr. Wenn ich auftauchte, käme vielleicht eine ganz andere, fremde Landschaft zum Vorschein oder nicht einmal mehr eine Landschaft, die sich um mich herumfügte, obschon jetzt noch immer die Sonne unverrückt und offen über mir

stand, doch jetzt bereits schien sich das Loch zu verengen, es schob sich gleichmäßig von den Seiten heran, auf mich zu, ein Druck von außen wurde spürbar, dem die Mulde nicht lange würde standhalten können. Etwas hinter den Halmen preßte die ansteigende Wiese mit ungeheurer Kraft und würde dies alles in den nächsten Sekunden zum Einsturz bringen und schließlich schon waren die Grubenwände ganz nah bei mir und höher als ich, jetzt würde die Sonne verschwinden, weil die Erde so zueinander drängte ringsum, von den Grenzen der Öffnung her und ich in der Mitte.

Wechselnde Ereignisse in gleicher Bewegung II

1. Jetzt schon, obwohl ich noch immer keine der Taschen berührt hatte, die an Bügeln und Riemen sehr dicht hintereinander über den Metallarmen der Ständer hingen, sondern nur darumherumging und einen Einkaufsbeutel mit beiden Händen festhielt, näherte sich eine junge, dicke Verkäuferin. Sie stellte sich in einiger Entfernung von mir auf und betrachtete mich. Sie betrachtete mich keineswegs unauffällig, ich hatte viel eher den Eindruck, als täte sie es besonders deutlich, als solle ich das Gefühl haben, von ihr beobachtet zu werden. Aber jetzt war ich noch immer mit den Taschen beschäftigt, ich berührte sie jetzt sogar, ich knöpfte sie auf und befühlte das Leder, ich zog das Preisschild heraus, hing mir eine von ihnen über die Schulter und trat damit vor einen Spiegel. Ich trug sie dann zurück, und es war schwierig, sie überhaupt noch bei den anderen unterzubringen. Sie fiel zu Boden, und ich hob sie rasch auf und schob sie über einen anderen Arm des Ständers, auf dem allerdings nur rote Taschen hingen, während diese doch schwarz war. Ich suchte mir nun eine neue aus farbigem Leder und wollte sie wieder vor dem Spiegel ausprobieren. Jetzt bereits trat die Verkäuferin zu mir hin und fragte mich, ob sie mir helfen könne, ich antwortete, daß ich ein bißchen herumsehen wolle. Sie schnitt ein unzufriedenes Gesicht und trat nur einen kleinen Schritt zurück und ließ mich nicht aus den Augen. Sie machte sich am Ständer zu schaffen und packte Taschen um, und jede, die ich angefaßt hatte, brachte sie in eine andere Stellung und schien sie zu prüfen und nach der Lage der anderen auszurichten. Sie

stand neben mir und ordnete meine Taschen wieder ein, und ich ging an einen anderen Ständer, und sie folgte mir, und schließlich schon, nachdem ich mit ungelenken Schritten vor den Spiegel getreten war und eine Weile den Atem angehalten und nur noch aus Trotz so getan hatte, als läse ich den Preis, obschon ich auf das Schild gesehen hatte, ohne es entziffern zu können, ging ich fort, und ich sah seitlich, wie auch die Verkäuferin sogleich an eine andere Stelle ging.

6. Außer mir gab es zu diesem Zeitpunkt kaum Menschen in der Kleiderabteilung, es war still, und ich sah nichts als die langen Reihen der Jacken und Hosen und Kleider und Mäntel, die Gänge dazwischen, und jetzt schon berührte mich diese große Menge von Gegenständen unangenehm, obwohl ich natürlich noch immer froh war, eine so große Auswahl zur Verfügung zu haben, und ich freute mich darauf, etwas auszusuchen und in aller Ruhe wählen zu können, und ich befand mich in einer gewissen Spannung, nur wirkte, wenigstens aus einiger Entfernung, dies alles gleich, die Ständer unterschieden sich nur nach der Art der Kleidung, und als ich in die Menge hineingriff, entdeckte ich, wie häufig dies alles in der gleichen Farbe und im gleichen Schnitt dort hing, nur nach Größen gesondert, aber mir war jetzt noch immer bewußt, daß es eine erleichternde Ordnung ergab, um mir alles übersichtlicher zu machen und einen Vergleich zu ermöglichen, und ich war voller Interesse und ging zwischen den langen Reihen der Kleider hin und her und konnte ungestört suchen, aber es waren so viele Kleidungsstücke, sie hingen alle um mich herum, diese Röcke und Hosen und Jacken auf den Bügeln, und jetzt bereits wurde es mir widerlich, dies alles zusammen anzusehen,

all diese neuen, steifen Sachen, ich wollte etwas Einzelnes kaufen. Nun hing hier alles beieinander in großen Massen, und es schien mir gar nicht mehr möglich zu sein, dem irgend ein einziges Kleid zu entnehmen. Ich sah nur noch die festen Blöcke, Rechtecke aus Kleidern und Mänteln, die sauber nebeneinander standen, und schließlich schon schaffte ich es nicht länger, die endlosen Reihen anzusehen. Schnell ging ich weg, dem Ausgang zu auf die Straße mit verschiedenen Menschen in ihrem vom Tragen verbeulten Zeug.

8. Jetzt schon, während ich den großen Metallwagen zwischen den Regalen bewegte und einen daraufgesetzten Drahtkorb mit Lebensmitteln, die ich von meinem Zettel ablas, füllte, kam mir flüchtig der Gedanke, daß ich vielleicht eine nicht ausreichende Menge Geld bei mir trüge, um all das, was ich auf dem Merkzettel notiert hatte, zu bezahlen. Aber ich griff noch immer, ohne zu zögern und ohne besonders auf die Preise zu achten, nach den benötigten Waren und packte sie zu den anderen, die ohne Ordnung kreuz und quer im Korb lagen, so daß ich auch gar nicht auf einen Blick überschauen konnte, wie hoch die Rechnung zu diesem Zeitpunkt gewesen wäre. Ich versuchte zwar, indem ich auf die etwas entfernte Kühltruhe zufuhr und also eine glatte Strecke ohne Unterbrechung vor mir sah, angesichts der beträchtlichen Zahl von Gegenständen, die sich schon angesammelt hatten, eine ungefähre Höhe der bisherigen Ausgaben zu schätzen, aber jetzt noch immer war ich entschlossen, alle aufgeführten Waren in den Korb zu legen, ja, es reizte mich in diesem Moment, ein Risiko einzugehen und es also einfach daraufankommen zu lassen, so daß ich mit einem ganz gefüllten Korb zur Kasse ging und alles

Gewünschte darin trug, und jetzt bereits befand ich mich in einer Schlange, vor, und kurz darauf auch hinter mir stand eine Menschenmenge, die sich langsam von vorne her auf mich zu verkürzte, ich schaute in meine Geldbörse und stellte fest, daß der Betrag darin wesentlich niedriger war, als ich vermutet hatte. Ich rückte nun fast bis zur Kasse auf und erschrak darüber. Ich schaute die vielen, ordentlich hintereinandergestellten Menschen hinter mir an, und sie schauten zurück und drängten mich automatisch, ohne Unzufriedenheit leicht voran. Die Kassiererin forderte mich nun auf, den Korb auf die leeren Körbe zu setzen, und jetzt bereits, während ich spürte, wie mein Gesicht ganz rot wurde und ich vor Aufregung zu schwitzen begann und mein Herz heftig klopfte, nahm die Kassiererin in großer Eile und beinahe rhythmisch die Waren aus dem Korb, und ich sah, wie in schrecklicher Geschwindigkeit die Zahlen an der Sichtscheibe der Kasse auftauchten, und ich wußte, daß dies gleich alles dort zusammengezählt erscheinen würde, und wir mußten auf diese Stelle sehen.

10. Als ich durch eine der Schwingtüren die Einkaufshalle betrat, versperrte ich einer Frau, die in jeder Hand eine Tasche trug, den Weg. Sie sah mich sogleich sehr wütend an und schimpfte zu Recht hinter mir her, denn ich hatte den Ausgang als Eingang benutzt, und jetzt schon, während ich vorankommen wollte, prallte ich mit verschiedenen Leuten zusammen, und einem Mann trat ich auf den Fuß. Ich ging schnell, ohne ein Wort zu sagen, weiter, aber ich merkte doch, daß er sich zornig nach mir umwandte. Ich dachte aber dummerweise, wenn ich mich nicht entschuldigen würde, wäre diese Sache insgesamt nicht so wichtig, auch für den Mann nicht. Aber noch

immer bewegte ich mich im Grunde mit all diesen Menschen gemeinsam. Wir schoben gleichzeitig nach vorn, und niemand sah mich besonders an. Alle waren mit sich beschäftigt, nur als ich einmal umständlich bezahlte, ermüdete ich die Geduld der Kunden, und sie deuteten eine Verstimmung an. Doch alles lief jetzt noch immer wie gewohnt, und ich fühlte mich ganz geborgen bei ihnen, in ihrer Wärme und ihrem Geruch und der trägen Bewegung, die uns erfaßte. Allerdings fiel mir jetzt bereits auf, daß ich ganz allein auf die Rolltreppe zuging, ich stand wirklich ganz allein darauf, alle anderen stiegen seltsamerweise, und ich erschrak, als ich es begriff, die Steintreppe hoch, was sehr ungewohnt war und ihrem Bestreben, alle Bequemlichkeiten zu nutzen, zuwiderlief. Außerdem sahen sie zu mir herüber, sie zeigten keinen besonderen Ausdruck, sie schauten alle bloß einfach her, wie in Gedanken, aber sie alle sahen wenigstens einmal kurz zu mir her, und schließlich schon merkte ich, daß ich mich auf der Mitte der Treppe befand, allein, weil sie nämlich stand, die Stufen glitten nicht sachte höher, sie blieben steif und starr und eng und steil, und ich erschrak noch mehr bei diesem Anblick der stillstehenden Treppe, auf deren Mitte ich mich befand.

12. Die Verkäuferinnen hatten jetzt schon begonnen, ihre Bewegungen und ihre Stimmen ganz leicht zu verändern, sie lehnten sich an die Theken, und man hörte sie lachen untereinander, und sie wandten den Leuten an vielen Stellen den Rücken zu. Sie schienen plötzlich in ihrer Haltung ein wenig zu erschlaffen und nun viel lockerer dazustehen und weniger genau zu sprechen, und überhaupt konnte man fast glauben, sie nähmen die Käufer gar nicht mehr richtig wahr, sie sahen durch sie hindurch,

und wenn sie zufällig in ihre Richtung lächelten, war es ein ganz gleichgültiges, abwesendes Lächeln. Aber noch immer konnte man alle ausliegenden Waren kaufen, sie also ergreifen und zur Kasse tragen und schließlich in die eigene Tasche stecken. Plötzlich hörte man ziemlich laute Musik, sie hatte in dieser Lautstärke fast etwas Gröhlendes und keine Ähnlichkeit mit der sachten Musik tagsüber, und sie wirkte wie ein Signal. Die Verkäuferinnen sprachen nur noch miteinander und riefen sich etwas über die Tische hinweg zu und reckten sich und gähnten ungeniert. Aber es brannten jetzt noch immer alle Lichter, und es gab in den Gängen genug Menschen, die eilig dem Ausgang zustrebten, und alle Dinge waren noch immer zum Kauf angeboten. Doch jetzt bereits begannen die Verkäuferinnen die ungeschützten Auslagen wegzuräumen, sie holten Tücher und breiteten sie in unglaublicher Geschwindigkeit aus. Ja, schließlich schon war hier alles kahl und mit Schonbezügen zugedeckt und dies wirklich wie auf einen Schlag, es gab keine Menschen mehr in den Gängen, und die Verkäuferinnen trugen schon Straßenmäntel und gingen wie Käufer zum Ausgang, und alles war leer und unbeweglich, und ein Mann in schwarzem Anzug drängte mich zur Tür, und es war in den Bezirken der riesigen Halle innerhalb dieser so kurzen Zeit alles zugedeckt und unverkäuflich, niemand wollte es sehen, und alle hatten dies hier verlassen.

Plötzlich bekam alles einen Sinn

Ja natürlich, jetzt sehe ich Frau Jendis nicht mehr einfach breitbeinig zwischen den Beeten stehen.

Eben noch beugte sie den Oberkörper wie immer weit vor, schaute auf die Rosen, seufzte, sprach laut. Ohne den Kopf zu heben, bewegte sie sich vorwärts, auch zur Seite, an der Rosenreihe entlang, bekuckte ein Stück weiter die Pflanzen, hielt die Beine auseinander, in der Hand ihre braune Einkaufstasche, all dies wie immer, vom Körper weg nach hinten. Eben noch riß sie einfach ein paar trokkene Blätter ab, murmelnd, stieß sich, obschon sie die Beine gespreizt ließ, mit einem Fuß vom Boden fort, schwenkte ihn vor, dann den anderen, kam so voran, einige Meter und stand wieder ruckhaft, den Oberkörper immer noch schräg, an der Tonschale für die Vögel, geneigt, den Abstand zwischen den Beinen verbreiternd, kippte, bis sie die Schale erreichte, ächzte dabei, schüttete den Rest Wasser weg, richtete sich dann auf, von mir, ohne daß sie es ahnte, beobachtet, machte sie alles wie immer. Ich wußte, wie ich es mit geschlossenen Augen hätte vorsprechen können. »Jetzt geht sie an die Garage und rüttelt daran«, sagte ich leise. »Gut, richtig, es stimmt überein«, mußte man gleich darauf bestätigen.

Plötzlich also, während ich noch hinschaute oder in dem Moment, als ich auf den Boden sah oder zurück in die Küche, dachte ich: Ist es nicht eher ein Schwanken? Ein Taumeln? Sieht es nicht aus, als fiele sie gleich zu Boden? Ich überprüfte es sofort. Ja, natürlich, man mußte es Taumeln, Torkeln nennen. Das war es. Ich hätte es wissen müssen: Frau Jendis geht jetzt, Frau Jendis geht neuerdings mit torkelnden, taumelnden Schritten auf die Garage zu. Nun mit einem Schlag, ja, selbstverständlich, begriff ich dies alles. Ich sehe dies jetzt alles in ganz anderem Licht. Ich sehe dies alles erst jetzt im richtigen Licht:

Gestern nachmittag hörte ich sie an der Tür. Sie wollte ins Haus. Sie rasselte mit dem Schlüsselbund, stieß den Schlüssel in immer neuen Anläufen ins Loch, probierte es wohl auch mit anderen, hantierte ungeduldig, rüttelte wütend an der Klinke. Ich hörte sie sprechen, dies lärmende, gähnende Selbstgespräch, wie ich es kannte. Sie schellte endlich. Ich sah, daß mein Schlüssel von innen steckte. Ich wußte: In solchen Situationen nimmt sie kein Blatt vor den Mund. Ich dachte aber auch hier schon kurz: Warum hat sie bloß nicht früher geklingelt? Ja, ich dachte noch einmal: Um Gottes willen, warum hat sie denn nicht früher geklingelt? Ich sagte meine Entschuldigungen, sie hob nur ganz allmählich den Kopf. Die Frage, natürlich, war im Grunde die Antwort. Nein, gestern begriff ich es noch nicht. Ihr stand der Schweiß auf der Stirn, sie wirkte erschöpft, wie nach einer Anstrengung, fassungslos. Sie sah nicht mich an, sondern den Schlüssel. Jetzt langsam wurde sie ruhiger, dann heiter beinahe. Sie sagte, sie flüsterte: »Nein, dann konnte es ja nicht gehen! Dann konnte es ja wirklich nicht gehen!« Sie schob mich zur Seite, ohne mich zu beachten, sagte lächelnd, den Kopf dabei schüttelnd: »Wie sollte das gehen!« Im Haus erst rief sie mit alter, gewohnter, fester Stimme, fast lachend jetzt: »Dann konnte es doch gar nicht gehen! Dann war es von vornherein unmöglich! Das kann ja keiner, das hätte keiner fertiggebracht!« Ich erinnere mich,

ich wunderte mich, es klang so erleichtert, ja, natürlich: erlöst, befreit. Es ist mir nun klar. Ich wundere mich überhaupt nicht mehr. Das Fällige folgte: Schimpfen, Zorn und Türenschlagen.

Sicher, und neuerdings dies: Sie steht, wenn sie nachmittags aus der Stadt kommt, gegen halb fünf, schnaubend und ächzend im Flur, dies seit acht Jahren, als trage sie Lasten oder als tobe draußen ein Sturm. Seufzen und Keuchen für zehn Sekunden, dann wird es schwächer. Sie rührt sich nicht. Danach setzt das Scharren der Füße ein, kleine Schritte, beim knirschenden Drehen zwischen Matte und Tür. Dies alles läuft wie gewöhnlich, noch immer. Sie müßte dann aber, wenn alles wirklich beim Alten bliebe, nach jeder Stufe die Luft ausstoßen, stehenbleiben und später schwerfällig, rhythmisch nach oben steigen, sich abwechselnd am Geländer ziehend, von einem Bein auf das andere sackend, nach oben stemmen, rollend, unentwegt sprechend, anhaltend, stutzend. Sie macht es jetzt anders! Natürlich, ja, jetzt weiß ich warum, ich erkenne den Unterschied doppelt so deutlich. Seit ein paar Tagen, bevor das richtige Steigen beginnt, hält sie nur kurz einmal an, vor der Matte, nach vertrautem Ächzen hinter der Haustür. Sie stampft auf die Stufen los. Ja, bis hierher stimmt noch alles, doch dann, als fahre sie plötzlich zusammen, wird es ganz still. Sie macht eine unerwartete Pause, als horche oder als atme sie so tief sie kann und ein einziges Mal. Dann, ohne Zögern, ohne Gespräch, ohne Geräusche bis auf die leise gesetzten Füße, so ungewohnt leise, so mühelos plötzlich nach all den Jahren, ich verstehe, steigt sie ins erste Stockwerk zur Küche. Alles bleibt stumm. Erst nach einer Weile stößt sie die üblichen Schreie aus, ungeschlacht aus dem Körper brechend, ohne Rücksicht, ohne Bedenken. Tut, was sie will, schert sich um nichts wie auch früher nie.

Ja, jetzt überschaue ich wirklich diese, ich meine: Entwicklung. Nun nämlich auch den Streit in der letzten Woche mit ihr. Sie rief mich hoch, ich zuckte zusammen und stieg gleich bis zur Treppenkehre. Sie stand am Ende der nächsten Treppe, über mir und sah auf mich runter. Dies alles wie immer und deshalb gut so. Sie habe den Fensterputzer beauftragt, an diesem Morgen zu ihr zu kommen. Wir beide, sie nicht allein, ob ich nicht staune: Er sei nicht da. Ich sagte, wie sollte ich auch etwas ahnen in diesem Moment, das sei ein Irrtum. Ich brauche keinen. Sie schaute mich an, vorwurfsvoll. Ob ich denn so vergeßlich sei, ich selbst habe mit ihr angerufen. Das sei absurd, widersprach ich noch immer unbekümmert, sie könne sich bei ihm erkundigen, jetzt gleich, auf der Stelle, am Telefon. Ich merkte noch nichts, ich fand das normal, sie würde nun telefonieren mit ihm oder, den Fehler inzwischen erkennend, murrend, unhöflich zur Küche verschwinden. Gut! Nein, natürlich, das tat sie nicht. Ich weiß jetzt: Wie sollte sie das noch können! Sie hatte keine andere Wahl. Ja natürlich: Sie lachte ganz unvermittelt, wurde feuerrot und dick im Gesicht, lachte und kicherte feuerrot, ja, hier erschrak ich zum ersten Mal: Dies alberne Lachen hatte ich niemals von ihr gehört, aus ihrem Mund, aus diesem strengen Gesicht jetzt dies Kichern, dies Meckern. Ich schämte mich, ich rührte mich nicht, ich starrte hin, und sie schrie meckernd, dies sei doch ein Witz, ein Scherz, weiter nichts. Ob ich denn keinen Spaß verstehe, rief sie mit ihrem verzerrten Gesicht, mit dieser Grimasse zu mir nach unten. Ich wollte rückwärts langsam weg, doch es paßte ihr nicht, sie zwang mich zum Lachen, ich lachte noch nicht, ich ging weiter abwärts. »Ein Scherz, ein Witz!« schrie sie übers Geländer. Ich ahnte nun langsam, nun plötzlich, natürlich, ich spürte jetzt: Ich mußte jetzt lachen! Ich zog mein Gesicht in Falten wie sie. Ich nickte, ich sagte: »Ach so, ja, ein Scherz!« Ja, ich begriff wohl in diesem Moment, für kurze Zeit und letztenendes gedankenlos, geistesabwesend. Ja, war es denn wirklich schon Mitleid, daß ich es tat? Was aber sonst? Dann blieb sie den Tag über still, kein Wort, kein Geräusch, es lag auf der Hand, aus ihrer Wohnung. Ich hätte es früher verstehen sollen, diese Situation, direkt zu Anfang nachgeben müssen. Natürlich: Ich hatte zu spät die Bedeutung erkannt.

Jetzt aber, sicher, nun sehe ich sie beim Steinhaufen stehen. Sie schaut die Fenster an, heimlich, verstohlen, wie zufällig hält sie sich fest. Also fühlt sie sich doch beobachtet, schwankt jetzt wieder, sieht weg und her, natürlich, stützt sich ganz nebenbei. Ich weiß es jetzt, wir wissen es beide.

Auch dies, es wird immer deutlicher: Ich kam nach Einbruch der Dunkelheit vor Wochen von einem Urlaub zurück. Das Haus war finster. Wir machten das Licht an, da hörten wir sie schon von oben rufen. Wie jedesmal nach einer Reise, ja, dies wie immer, wollte sie uns noch kurz begrüßen. Ich wußte, sie käme die Stufen herunter in ihrem prächtigen roten Mantel, die linke Hand aufs Geländer gestützt. Wir stiegen ihr zur Kehre entgegen, sie stand am Geländer, im grellen Licht. Ich dachte, irgendwas sei passiert, eine Krankheit, ein Unglück. Sie wirkte verändert, so müde, blaß. Das war nicht alles: dieses Gesicht, klein, plötzlich müde und eingefallen. Es fehlte etwas, so schnell erkannte ich aber nicht, was. Sie sprach mit uns, auch die Stimme nicht zum Wiedererkennen, lallend, ja, durchaus treffend, lallend zu sagen, so kamen die Wörter zum Mund heraus. Sie selbst war arglos und unbefangen, erkundigte sich. Da plötzlich erschrak sie, griff an die Lippen, trat rasch aus dem Licht, antwortete nicht mehr, nickte, mit Anstrengung lächelnd, ja, ich bin sicher, mit großer Mühe und zog sich zurück. Es waren die Zähne, die ihr fehlten, zum ersten Mal sah ich sie ohne Gebiß. Selbstverständlich wußte ich, daß sie eins trug, doch ich hatte sie mir nie so nackt vorgestellt, jetzt zeigte sie sich uns, ohne Absicht, halbwegs schon schlafend. Doch immerhin zum ersten Mal. Sie hatte das Fehlen der Zähne vergessen. Das stand nun fest. Wir redeten aber kein Wort darüber, wir taten, als hätten wir nichts gemerkt.

Ein weiteres Zeichen gab es schon früher: Vor Monaten kam sie einmal nach unten, in den Händen hielt sie ein Telefonbuch. Sie fuhr mich gleich an: Was ich davon halte! Noch ehe ich fragte, um was es ginge, sagte sie, dies sei das neue Buch, diese Unverschämtheit, sie stehe nicht drin, man habe sie einfach übergangen! Sie sei nicht mehr zu finden, nicht mehr vorhanden, seit fünfzig Jahren stehe sie drin, jetzt aber dies, keine Zeile für sie, kein Wort, keine Zahl. Ja, ich erinnere mich jetzt genau, diese Schwäche der Stimme, dies Jammern plötzlich, auch ihr Gesicht, für einen Augenblick kindlich beinahe, als wolle sie weinen. Sie war am Ende der Kraft, natürlich. Sie sei abgeschrieben, nun sei es aus, man wolle von ihr nichts mehr wissen dort, sie sei verschwunden. Was solle um Gottes Willen nun werden. Es ging mir besser, als sie schimpfte, den Stempel mit Nummer und Namen machte und handelte: Ringsum Telefonbücher damit versah. Ja sicher, sie hat es als Zeichen gesehen. Sie hat es, ja, es steht fest mittlerweile, begriffen, sie hat es ausgesprochen:

Seit einem Jahr fährt sie nicht mehr Auto. Der Wagen steht nutzlos in der Garage. Ich fragte sie vor längerer Zeit. Sie schüttelte aber nur den Kopf, schüttelte zweifellos müde den Kopf. Ich wunderte mich jedoch zu sehr, um nicht weiter zu forschen. Sie war eine gute Fahrerin, ohne Unfall mit reichlicher Übung. Nein, sagte sie entschieden zu mir, das sei nun vorbei, sie wolle nicht mehr, sie täte es nicht, wozu auch, ja, ich bin nachträglich sicher: Die Mundwinkel zitterten etwas dabei. Ihr Gesicht wurde einen Moment lang persönlich, etwas erschrekkend Intimes darin, bei ihr, so unvermittelt, erschrekkend, plötzlich dies nicht erwartet Intime, dies Hilflose, Traurige, ja natürlich: Mutlose, Resignierte darin. Sie sagte: »Ich bin zu alt dafür, ich bin jetzt eine alte Frau, weiter nichts. Kucken Sie nicht so! Wer alt ist, soll nicht im Verkehr rumfahren, es ist zu gefährlich. Die Alten sollen zu Hause bleiben. Die dürfen nicht mehr!« Ließ mich nicht widersprechen, dann grob wie immer, in ihrem harten, fast rüden Tonfall: »Ich bin eine Greisin! So steht es ja überall in der Zeitung! Greisin von einundsiebzig Jahren! Es steht dort schwarz auf weiß gedruckt. Ja, ich bin jetzt wohl eine Greisin, schon einige Jahre, man merkt es ja nicht. Dann liest man es plötzlich.« Sie hielt die Hände fest geknotet und sah zum Küchenfenster raus. Damals wollte ich es bestreiten, ich sagte Sätze. Es kam mir nur undeutlich zwischen die Lippen, ja, damals kränkte es mich richtig, ein flüchtiger Schmerz, als ich zuhören mußte. Ich war durcheinander und überrascht. Es paßte mir nicht. Es schien mir damals noch nicht zu passen. Ich war überrumpelt.

Sie steht bei den Steinen, hält sich dort fest, sieht noch immer verstohlen her und weg, vielleicht kann sie mich halbwegs am Fenster erkennen, obwohl ich mich größtenteils verberge. Sichtbar machen müßte ich mich. Ich ahne, was geschehen wird. Ich kann es vermeiden, wenn ich sie grüße, laut aus dem Küchenfenster raus. Ich mache es nicht. Ich sehe hin, wie sie sich bewegt, unruhig, fahrig die Tasche absetzt, mit den Händen an sich runtergreift. Ich verfärbe mich, ja, ich spüre das Blut jetzt rasch und klopfend, ich lasse zu, was passieren wird! Ich verhindere nicht, daß sie es mitten im Garten tut, von allen Seiten gut einsehbar, auch von der Straße. Ich lasse zu, was dahingehört, weil es diese Entwicklung nimmt. Ich beobachte, wie sie sich mühsam bückt, in die Knie geht, einmal noch zu mir rübersieht. Ich will mich nicht drücken, ich kucke hin: Wie sie da hockt, die Beine gespreizt, den Hintern entblößt, ihr Geschäft erledigt, nach einer Weile fertig ist, mit rotem Gesicht den Schlüpfer raufzieht, die Sachen glattstreicht, die Tasche nimmt und um die Ecke des Hauses biegt, eine Minute vom Klo entfernt. Ich höre sie leise die Türe öffnen, dann lautlos beinahe nach oben schleichen und spreche es aus, denn es ist bewiesen und prinzipiell zum Abschluß gebracht:

Frau Jendis, es stimmt, ist eine Greisin!

Ein Tag im Leben des Idyllikers

Zwischen Ostern und Pfingsten, an einem Samstag, kam uns der Gedanke, – zu diesem Zeitpunkt nicht die geringste Ankündigung von Zahnschmerzen – ein Picknick im Wald zu machen, von morgens bis abends, und zwar gleich am darauffolgenden Tag, der ja arbeitsfrei war und für den man gutes Wetter voraussagte. Wir verabredeten uns mit einigen Freunden, auch mit einem Ehepaar, das seinen heranwachsenden Sohn kürzlich durch Selbstmord verloren hatte, und kauften Koteletts und Würstchen zum Grillen und Käse und Nachtisch in Bechern, Malzbier und helles Bier, Apfelsaft, Schinken und Tomaten. Am Abend legte ich die Kühlbeutel in das Eisfach und auch Decken, Bücher und Sonnenöl bereit. Auf den Tisch stellte ich die Thermosflasche und die kleinen Salzstreuer. Auf einen Zettel schrieb ich: Kuchen!

Am nächsten Morgen schien die Sonne durch die Ritzen der Jalousie. Alles war, wie angekündigt, nämlich sonnig und warm, der Himmel ganz blau, nur eine pralle, kleine Wolke stand hinter einem Baum und strahlte durch das Laub. Man sah sie in den Zwischenräumen. Wir frühstückten ein bißchen, um während der Fahrt nicht so großen Hunger zu kriegen, ich kochte Eier und schüttete heißes Wasser auf den Pulverkaffee in der Thermosflasche. Ich nahm Kuchen und Kühlbeutel aus dem Eisschrank, und als alles verpackt und verstaut war, hupten auch schon die Freunde, die den Grillapparat und die Holzkohle mitbringen mußten, vor der Tür. Wir setzten unsere Sonnenbrillen auf und lehnten uns bequem in den Sitzen zurück, überprüften noch einmal schnell, ob auch an alles gedacht und der Haustürschlüssel an seinem Platz war, seufzten auf, machten ein fröhliches Gesicht und fuhren los, in mäßiger Geschwindigkeit, mit hochgerollten Ärmeln.

Ich begann, aus dem Fenster zu sehen. Die Sonne schien bereits kräftig durch die Scheiben. Ab und zu überquerten Leute in sonntäglicher Kleidung die fast leeren Straßen, junge Ehepaare in grellen Farben vor Kinderwagen. Zu beiden Seiten die Häuser mit staubigen, sonnigen Flächen und frischen, intensiven Schatten, dort, wo die Fassaden Vorsprünge und Vertiefungen aufwiesen. Manchmal standen dünne Bäumchen an der Bordsteinkante, und an den Balkons hingen Blumenkästen, einander in senkrechter und waagerechter Reihe an Fülle und Vielfalt übertrumpfend. Dann folgten auf der rechten Seite die langen Gebäude einer Versicherungsanstalt, in beigegrauem Ton, es kam immer noch ein weiteres Haus in der gleichen Art, das dazugehörte, und auf der linken Seite gab es Schrebergärten, bei denen immer vom Eingangstürchen ein schnurgerader Weg auf die Laube zulief. Bald darauf fuhren wir durch ein ganz vom Staub eingefärbtes Straßendorf, nirgendwo sah man Menschen, nur in quadratischen Betontöpfen bunte Pflanzen am Straßenrand zu beiden Seiten, in regelmäßigen Abständen, am Ortsausgang schließlich eine schwarz-weißgefleckte Katze, die von einem Tor zum andern sprang. Auch unsere Freunde, die vor uns fuhren, drehten sich nach ihr um. Sie kennzeichneten durch ein verabredetes Zeichen diese Stelle als diejenige, wo vor wenigen Tagen eine vierköpfige Familie tödlich verunglückt war, bei lebendigem Leibe verbrannt. Kurz hinter dem Ausgang des alten Dorfes standen noch einige große, neue Wohnblocks als

Reihen- und Hochhäuser mit flachen Rasen und niedrigen Hecken darum und kleinen ordentlichen Beeten mit gleichmäßig kurzen Blumen. Auf einigen Balkons sah man schon heruntergerollte Marquisen und aufgespannte Sonnenschirme. Zwischen den Häusern standen Bagger und Kräne, und an einigen Stellen waren Baugruben ausgehoben worden. Äcker schlossen sich an und hinten schon der Wald, bald ringsum am Horizont vor uns liegend, jedoch in wechselnder Nähe und Entfernung. Er begann jetzt manchmal direkt am Straßenrand neben einem Bach, einer Weide mit Kühen, die ihre Köpfe in das hohe Gras drängten, oder es waren Felder da, mit platt an den Boden gepreßtem Korn, so daß nur einzelne Inseln sich wie niedrige Tafelberge daraus erhoben. Manchmal lag auch ein Dorf zwischen Straße und Wald, wieder sah man keinen Menschen, die Häuser standen an der Straße entlang mit ihren schattigen und besonnten Seiten, an manchen führten hohe Treppen zu den Eingangstüren, zur Straße durch eine Mauer gesichert. Die Häuserreihe folgte der leichten Biegung der Straße, hin und wieder gab es Lücken, einen Vorgarten, die Anlage vor einer Kirche und nun doch einen jungen Mann in einem steifen grauen Anzug davor, der uns nachschaute. Wir fuhren aber auch an Dörfern vorbei, so breit wurde die Ebene zwischen Straße und Wald, daß sogar zwei Ortschaften nebeneinander paßten. Wir saßen bequem in unseren Autos und kuckten nach draußen, auf die glänzende Straße vor uns, auf die Wiesen daneben, zu denen die Sonne herunterschien, und es gefiel uns besonders, – ich vermutete, daß es sich um den linken unteren Weisheitszahn handelte – wenn sich ein großes Stück freie Natur vor uns ausbreitete. Wir fuhren durch die Landschaft, die wie ein flacher grüner Teich war, zu beiden Seiten um uns her, so weich und grün wie ein warmer Teich, mit Algen bewachsen, mit einer nachgiebigen Oberfläche, ein wenig schlammig natürlich, und so spürte man auch den Widerstand, wenn man in die Landschaft nach einem Dorf eindrang, dichter und zugleich nachgiebiger als sonst, und obschon doch nur die Wiesen hochstanden und die Gerstenfelder schimmerten und die einzelnen Bäume am Horizont dick von Laub standen, glaubte man, über eine versunkene Stadt zu fahren. Die Landschaft war zusammengewachsen, Rasen, Büsche und Bäume, alles rückte zusammen, verankerte sich in Stufen, alles wie Efeu und Algen über Mauern, über verfallenen Häusern, die sie noch grob, ungenau in den Umrissen nachbilden, bis sie immer undeutlicher werden und schließlich die Gestalt von Pflanzen annehmen. Bis jetzt hatte es schon einige Stellen gegeben, die uns für ein Picknick geeignet schienen, die Sonne stieg höher, und es wurde heiß im Auto. Nachdem wir also die ganze Zeit über nur vorangefahren waren, um nach draußen, ins Grüne zu kommen, weg von der Stadt und den üblichen Rastplätzen, oft gleich an der Straße, wo wir noch die Reste des Essens fremder Leute in vollgepackten Plastiktüten sahen, begannen wir uns richtig umzuschauen, nicht um die langsame Veränderung der Landschaft festzustellen, sondern um einen Platz zu finden. Eine große Wiese, die vom Weg bis an den Wald reichte, lag rechts neben uns, voll von weit geöffneten Kuhblumen, die wie strahlende Scheiben zwischen den Spitzen der Gräser kreisten und im Grün schwammen, golden, fett und nur in der Nähe einzeln, etwas weiter entfernt, besonders aber in den kleinen Bodensenkungen kamen sie zu dicken Farbstrichen zusammen. Wir blieben stehen und stiegen aus, um es genauer anzusehen, diese eckige, von Menschen und erkennbaren Tieren leere Wiese voll von den leuchtenden, behäbigen, gedrungenen Blumen, ein lautloses, wildes Leuchten, etwas Fanatisches dieser runden, dörflichen Blumen, als sie plötzlich in der ungeheuren Menge versammelt waren und alle Pflanzen, mit denen sie sonst wachsen, verdrängt hatten. Kein Auto fuhr über die Straße, kein Spaziergänger trat aus dem Wald, und wir beschlossen, – ein Tuckern also, ein Ziehen, vor allem beim Zubeißen – von hier aus ein Stück am Waldrand entlang zu gehen und nach einer geeigneten Stelle zu suchen mit Sonne und Schatten, geschützt und mit freiem Ausblick. Hier wollten wir also richtig anfangen, hier gefiel es uns, hier fing der Ausflug erst richtig an. Das Gras war direkt am Boden noch feucht, wir merkten, daß wir die falschen Schuhe trugen, für diesen Weg. Wir rutschten aus den Sandalen und mußten uns ganz darauf konzentrieren, immer die nächsten Meter im Auge zu behalten, um nicht abzuknicken. Wenn wir aber am Rand gingen, stachen die Brennesseln in die unbestrumpften Füße. Der Weg lief in einem rechten Winkel vor dem Wald her, in der Kurve drehten wir uns um und kuckten zu unsern Autos rüber, man sah nur noch das rote und grüne Dach. Das Ehepaar stritt sich kurz, man ahnte es an den Gesten, hörte aber nichts. Der Weg stieg gegen eine Nadelholzschonung an, führte jedoch daran vorbei. Es ging nun abwärts, und wir schauten noch einmal zu den Autos zurück, von denen wir wieder einen Teil der Karosserie entdecken konnten, außerdem ein hellgraues, langes Auto, das schaukelnd den Weg runterfuhr, den auch wir von der Straße aus benutzt hatten. Wir wollten sehen, wie weit es ihm gelänge, auf dem schwierigen Boden zu fahren. Die Geräusche des Motors wurden lauter, und dann stand der Wagen still, und wir lächelten alle zufrieden. Wir schafften unser Gepäck von einer Hand in die andere und gingen tiefer, sahen noch einen Augenblick vor uns zwischen den Hügeln ein Dorf mit auseinanderliegenden Häusern, alle rot gedeckt, rechts kreisende Raubvögel, so daß wir noch einmal anhielten und sie betrachteten, wie sie ruhig und suchend in der Luft schwebten, auf der Luft balancierten und plötzlich in scharfen Bögen davonschwangen. Dann wurde der Boden immer feuchter, die Brennesseln nahmen zu, hier blieb alles noch im Schatten, und wir mußten darauf achten, daß wir nicht auf den roten Schnecken ausrutschten. Ein dreifacher, verrosteter Drahtzaun schnitt den Weg ab. Die Kühe dahinter trotteten heran, schauten uns an und kuckten uns zu, wie wir umständlich das Gepäck rüberwarfen und reichten und drüberher und drunterdurch kletterten. Eine sehr junge Kuh sprang ein bißchen nach vorn, und sofort trauten sich alle anderen etwas näher ran, und man sah ihre großen Zungen. Sie folgten uns eine Weile, in einigem Abstand, dann zögerten sie, wir wandten uns zurück und sahen sie ebenfalls an und konnten vor uns schon den nächsten Zaun erkennen, der aber teilweise heruntergetreten war, so daß wir ihn diesmal schnell überstiegen. Erst danach fiel uns der kleine Bach auf, der auch auf der Wiese schon neben uns hergeflossen sein mußte. Wir hatten ihn in dem hohen Gras nicht bemerkt, aber hier, am kahleren Waldboden sofort, und wir wußten nun, daß dies der Platz sein würde für unser Picknick. Wir beobachteten, wie der Bach in Windungen gegen die Böschung schoß und am gegenüberliegenden Ufer, das man mit einem einfachen Sprung erreichen konnte, Steine und Erde anschwemmte. An einer Stelle, wo die Sonne schräg unter die Bäume schien, während sie gleich daneben mit ihrem Laub dünne und schließlich dichte Schatten warfen, legten wir unsere Gepäckstücke ab und die Flaschen vorsichtig ins Wasser. Wir zogen die Schuhe aus, breiteten die Decken auf den Boden und streckten Arme und Beine von uns. Keiner sagte etwas, wir hörten alle das unentwegt über die Steine platschende Wasser, direkt vor uns und ein Stück den Wasserlauf hoch und runter und die Vögel, laut aufrufend und dann wieder verstummend. Schließlich hob einer von uns den Kopf und sagte nach einem tiefen Seufzer, daß wir nun endlich daseien, daß es jetzt anfangen könne, wir anderen hoben daraufhin auch unsere Köpfe, drehten uns auf den Rücken, richteten uns auf, so daß wir alles ringsum anschauen konnten, die Äste der Bäume, durch die Sonne schien, die grünen Blätter, durch die sie schien, den Himmel, der strahlend blau zwischen den Ästen stand, den Boden mit frischen, dicken Grasbüscheln, die höheren Pflanzen am Bachufer und dahinter die große, gemütlich grüne Wiese, die bis zu einem neuen Waldrand reichte, eine Landschaft hinter dem Bach wie ein ordentlicher Garten, abgeschlossen und ordentlich wie ein Zimmer fast. Wir reckten uns und meinten nun alle, daß man endlich richtig anfangen könne, denn nun seien wir ja da und hätten einen so bequemen Platz für unser geplantes Unternehmen gefunden. Wir rückten also auseinander, legten ein Tischtuch in die Mitte und packten die Eßsachen darauf, die Bestecke und Teller aber an den Rand. Direkt am Wasser bauten wir den Grill auf, aber zunächst kuckten wir nur an, was wir alles mitgebracht hatten, und überlegten, in welcher Reihenfolge es zu essen sei, damit sich eine Mahlzeit mit verschiedenen Gängen ergäbe. Wir aßen Eier, Brot mit Schinken, Tomaten und Käse, tranken dazu Apfelsaft und Bier und rollten uns nach außen, deckten die Eßsachen mit der Decke zu und lagen nun in der Sonne. Sogleich zogen wir Hemden und Hosen aus und rieben uns mit Sonnenöl ein, wir lagen zum ersten Mal in diesem Jahr nur in Badezeug in der Sonne. Ganz blaß und wie nackt also, ein unangenehmes Gefühl in den ersten Minuten, man kam sich wirklich häßlich vor, als hätte man was zu verstecken vor dem plötzlichen Licht. Aber dann strichen wir ja um den Körper herum Sonnenöl. Es duftete und erinnerte uns an die letzten Ferien, und wir bekamen die Sommergefühle, die mit der frischen Luft und der Hitze und dem Liegen auf dem Boden verbunden sind, und daraufhin fühlten wir uns wirklich wohl – bei mir allerdings dieser Schmerz, jetzt über den ganzen Gaumen verteilt – und ließen die hochstehende, heiße Sonne auf uns scheinen und mußten schon bald die Köpfe in den Schatten schieben. Wir ließen die Bücher noch in den Taschen, manchmal sprach jemand. Wir sagten, daß nun schon Mittag sei und die Luft auf der gegenüberliegenden Seite flimmere. Wir waren müde und schlugen ab und zu nach einer Fliege oder einer trockenen, eilig über unsere Beine laufenden Ameise. Einer von uns setzte sich an den Bach, hielt die Füße ins Wasser und sah auf den Grund. Wir kuckten in den sehr hohen Himmel, der durch unsere Sonnenbrillen noch heftiger blau wurde, und blieben doch nicht ganz ruhig, denn wir wußten ja, daß es mittags eigentlich gegrillte Würste geben sollte, und wir dachten im Stillen, daß man vielleicht damit anfangen könnte. Jetzt hörten wir auch Stimmen, und bald darauf tauchten auf der Wiese hinter dem Bach einzelne Kinder und Frauen, Männer, junge Männer in schwarzen Anzügen, auf. Sie mußten dort wohl auf einem schmalen Pfad gehen, weil sie sich alle so hintereinanderherbewegten. Sie gingen schleppend, bis auf die Kinder, in unserer Höhe standen sie alle, schauten her, sprachen ein bißchen, die Männer für sich und die Frauen für sich, sie lachten auch einmal und drehten sich um und befanden sich wieder, in umgekehrter Anordnung, auf dem Rückweg. Sicher eine Konfirmationsgesellschaft, die den Jahr um Jahr gebräuchlichen Spaziergang nach einem fetten Essen machte. Sie gingen alle hintereinander aus unserem Gesichtsfeld fort. Wir zündeten jetzt die Holzkohle an, jemand fächelte mit einer Bastscheibe, die an einem Stock befestigt war, und wir mußten nun warten, bis sich eine Glut bilden würde. Inzwischen verteilten wir aber schon den Kartoffelsalat auf die Pappteller und klatschten auf alle einen Schlag Senf. Nun, mit den Tellern in der Hand, waren wir wieder richtig wach und ganz auf unser Vorhaben konzentriert. Jeder gab Ratschläge, man sprach von Einfamilienhäusern und der ungerechten Behandlung von Zigeunern durch die Polizei und das Gericht, bis endlich die kleinen, blassen Würste auf dem Rost lagen. Wir probierten schon mal den Kartoffelsalat, leckten am Senf in der Vorfreude auf die gerösteten Würste, tranken Malzbier und Apfelsaft. Die Sonne stand still und heiß über uns, das Laub der Bäume rührte sich nicht, alles war sehr hell, auch die Schatten, nur wenn man eine Hand tief unter das Gras steckte, spürte man die Feuchtigkeit des Morgens, aber nur dumpf und warm. Die Luft drückte uns jetzt wie eine schwere Masse zu Boden, so daß uns doch wieder jede kleine Bewegung anstrengte, sogar die Tätigkeiten am Grill, um den herum die Luft besonders stark zitterte. Die Würste bräunten nach mehrfachem Wenden und platzten. Wir aßen sie alle auf, und es schmeckte uns. Als wir die Teller mit den Senfresten wegräumten, stellten wir fest, daß die Schatten im Laub kräftiger hervortraten, auch die Vögel wurden munterer und riefen aus verschiedenen Richtungen. Wir begannen uns in dieser leichten Kühle wohler zu fühlen – die Schmerzen nahmen aber ungehindert zu, ein stufenweises Anschwellen jetzt – und schauten die Umgebung aufmerksamer an. Der Wald am Ende der Wiese war im unteren Teil in einer nebligen Bläue verschwunden, das schimmernde, lebhafte Laub der Bäume ruhte auf einer Schicht aus dunklem Nebel. Wir öffneten die Thermosflaschen und tranken heißen Pulverkaffee ohne Zucker und Milch, dazu schoben wir Kuchenstücke in den Mund. Es war ja nun Nachmittag, und wir tranken in kleinen schlürfenden Schlücken, dabei rissen wir Halme ab und tippten uns damit gegenseitig auf die Rücken oder steckten sie uns zwischen die Zehen. Jemand schmiß einen Kaffeebecher um, konnte aber der Flüssigkeit noch rechtzeitig ausweichen. Damit waren nun alle Vorräte aufgegessen und ausgetrunken, und obschon wir noch nicht nach Hause wollten, spürten wir doch eine Unruhe. Wir packten zusammen und beschlossen, an einen andern Platz zu gehen, weil es an diesem mittlerweile nur noch Schatten gab. Wir kletterten den Abhang in unserm Rücken hoch. Wir wußten, daß wir so auf die unverdeckte Seite der Fichtenschonung kommen mußten und also noch mindestens eine Stunde Sonne hätten. Jemand kehrte auf halbem Weg um, weil er seine Sonnenbrille vermißte, er brachte auch noch ein Messer mit zurück. Als wir aus dem Wald in die Schonung kamen, spürten wir die große Hitze des Bodens. Brombeerbüsche zerrissen uns die Beine, und wir zogen unsere langen Hosen wieder an, zuerst juckte es an der Haut. Am Rand der Schonung warfen wir nochmal alles hin, rollten aus den Decken dicke Polster und schauten auf das Kornfeld und das Dorf mit den roten Dächern. Noch immer kreisten die Raubvögel, wir zählten drei gleichzeitig und stellten Vermutungen über die Schärfe ihrer Augen an. Die Sonne stand schon ziemlich tief. Wir rochen jetzt die Nadelhölzer und das Gras, den ganzen Horizont entlang sahen wir Hügel mit Kornfeldern oder Bäumen darauf, und es gefiel uns, weit zu sehen, und auch, wenn der Blick von einem Wald aufgehalten wurde. Wir sprachen noch weiter über Häuser auf dem Land und über Stadtwohnungen. Einer erzählte von seinen Eltern, die in einem Hochhaus wohnten. Seine Frau habe da immer Verdauungsbeschwerden, weil sie sich nicht recht traue, aufs Klo zu gehen, man höre nämlich alle Geräusche in der ganzen Wohnung. Sie sehe auch immer verlegen vor sich hin, wenn sie am Tisch säßen und ein anderer sich nungenierter beim Verrichten seiner Bedürfnisse aufführe. Wir konnten wieder unsere Autos sehen, grün und rot, und auf der Straße fuhren jetzt manchmal welche vorbei. Wir entdeckten an den Halmen Käfer, einige hoben sofort schwirrend ihre Flügel, andere sprangen weg, man sah sie noch, und dann gab es keine Spur mehr von ihnen, manche ließen sich gar nicht stören, sogar wenn man sie berührte nicht. Der Schmerz zuckte inzwischen in meinem heißen, geschwollenen Zahnfleisch, meine linke Gesichtshälfte wurde mir schwer. Da es ja doch sein mußte, nahmen wir unser Gepäck und gingen mit vorsichtigen Schritten, zwischen Steinen und Brennnesseln schwankend. Wir verstauten es in den Autos, auf deren Dächern Blätter und weißer Vogeldreck lagen, stiegen ein, fuhren ab, lehnten uns seufzend zurück und kamen nun wieder an all den Landschaften mit den Dörfern und den unglaublich glänzenden Feldern vorbei. Es waren nun mehr Autos auf den Straßen als in der Frühe, die meisten fuhren in die Stadt. Auf den Bürgersteigen der Ortschaften standen ganze Familien mit Hunden und kleinen Kindern beisammen, sie kuckten alle in die Autos, junge Mütter in kurzen Kleidern mit dicken, bleichen Beinen, Väter in engen Hosen und Hemden mit Krawatten gingen ernsthaft hinter Kinderwagen auf die neuen Häuser, in denen sie wohnten, zu. Je näher wir der Stadt kamen, desto genauer erkannten wir die Gegend, die Hochhäuser schließlich, das letzte Straßendorf, die Schrebergärten und endlich, als wir zu Hause waren, den Freunden noch einmal zuwinkten und das Auto vor die Garage stellten, sagten wir uns gegenseitig, daß es ein schöner Tag gewesen sei. Ich nahm sofort drei Tabletten. Ja, nun sei er zuende, aber es stimme, ein schöner, langer Tag. Ich begann jetzt, ausführlich über die Schmerzen zu klagen, jetzt, ja, jetzt fing ich damit an und hörte sobald nicht auf damit und beschrieb, wie ich sie bei der Hinfahrt, beim Grillen und beim Betrachten der Raubvögel gespürt hatte.

Ein Tag im Leben Ben Witters

Herr Witter, sage ich, – Ben Witter nenne ich einen Mann, der über Menschen schreibt und statt ihrer immer die Symptome sprechen läßt – Herr Witter, wenn ich in einem Zimmer sitze, und das Licht brennt, und ich höre plötzlich jemanden auf dem Flur, dann spüre ich sofort den Drang, das Licht zu löschen, um ihn zu täuschen oder mich noch rasch im Schrank, hinter den Vorhängen, in irgendeinem Winkel zu verstecken, um gesucht zu werden.

Jetzt sieht er mich an, mit großen, nachdenklichen Augen. Es ist schön, erkannt zu werden, darum sage ich es auch freiwillig. Früher allerdings passierte mir das, ja, es stieß mir zu: In Buchhandlungen beispielsweise wurde ich im voraus rot, wenn ich ein Buch verlangte, weil ich dachte, die Verkäufer zögen Rückschlüsse, erführen alles über mich, nur weil ich einen Titel nannte.

Herr Witter, sage ich, wissen Sie was? Früher war es für mich furchtbar schwer, mich überhaupt irgendwie zu verhalten. Er lächelt und sieht auf meine Hände dabei. Ich fahre aber fort: Es war mir auch kein Benehmen der anderen, zum Beispiel meiner Mitschülerinnen, verständlich, ich trat immer ins Fettnäpfchen, weil ich nicht begriff, was sie durch eine bestimmte Geste anzeigten, nichts war mir nachvollziehbar an ihnen, nichts natürlich, eins merkwürdig wie das andere. Ich mußte mich unauffällig unter sie mischen. Ich ahmte sie nach, alle ihre Verhaltensweisen, da ich ja auch nicht wußte, wie ich mich einzeln aufführen sollte, das höchstens, wenn ich allein war, hintereinander. Der Reihe nach probte ich ihr Lächeln, ihre Art, Sätze zu betonen, zu tuscheln, die Schultern her- und wegzudrehen, durch. Ich reagierte wie Hildegard Gabler und Karin Zobelmann, wöchentlich was anderes, keins mit Überzeugung, keins überzeugend. Ich fürchte, es ist rausgekommen. Was hat sich inzwischen geändert? Dabei habe ich immer gedacht, es könne ein Punkt erreicht werden, wo mir ein charakteristisches Verhalten ohne Gedankenarbeit glatt von der Hand geht.

Ben Witter schweigt.

Ich sage: Sie schweigen. Zu recht! Das verlockt mich zum Weiterreden, auch wie Sie mich ankucken mit Ihren Augen. Er sieht zum Fenster, aber er sieht mich in Wirklichkeit mit dem Hinterkopf an, er sagt: Bitte noch eine Tasse Tee! Aber das ist keine echte Unterbrechung seines aufmerksamen Schweigens.

Vielleicht dies noch, Herr Witter: Sehr lange habe ich mich täuschen lassen durch das strenge, wichtige Benehmen der Amtmänner in ihren Büros, wie sie Bleistifte spitzen. Auch durch die pflichtbewußten, kurzen, energischen Schritte der Frauen mit Hund, wenn sie die Tiere frühmorgens, spätabends zum Pinkeln führen. Jetzt immer noch, wenn ich nicht aufpasse, falle ich auf die so überzeugend vorgetragene Wichtigkeit herein. Wenn der Postbeamte die Briefmarken auf meinem Päckchen so ernsthaft entwertet, zweifle ich nie, wenn ich träumerisch, wie ja meist, am Schalter stehe, an der unerhörten Bedeutung der Arbeit.

Herr Witter schaut auf meinen Mund. Er hat so wissende, dabei unbewegliche Augen, dieser Blick, schon beginne ich zu stottern, er schaut auf meine Hände. Schon zittern sie. Herr Witter, sage ich, etwas ist komisch: Das wirkliche Anzeichen für einen Sommertag ist nach meiner Meinung ein ganz blauer Himmel mit einem sehr hoch fliegenden, stillen Flugzeug darin. Letztens, im April, habe ich beides da oben entdeckt. Plötzlich befand ich mich mitten im Sommer. Es war aber gar nicht besonders warm. Ich konnte in dem Moment diesen Apriltag als erlebten Sommertag abhaken, ich meine damit, mir kam es so vor, als würde mich nun der angebliche Höhepunkt, so ein brüllend heißer Augusttag nur noch langweilen. Der Augenblick des intensivsten Erkennens war für dieses Jahr vorbei. Dieser bestimmte Himmel mit dem kleinen fernen Flugzeug darin war die Hauptsache. Ich dachte, ich wäre nun ganz unempfindlich für alles andere, was einen Sommertag typisch macht. Verstehen Sie: Ich kucke hoch, sehe diese beiden Sachen, und schon ist der diesjährige Sommer vorbei, und es tut mir gar nicht leid. Nun konnte der Herbst, gegen Ende April, ruhig kommen.

Ben Witter betrachtet währenddessen die Blumen auf der Fensterbank. Er scheint die Abstände zwischen den Töpfen zu vergleichen. Vielleicht ist er darauf aus, eine übertrieben exakte Anordnung festzustellen?

Hören Sie nur, Herr Witter, so dumm bin ich aber inzwischen auch nicht mehr. Ich habe gelernt. Ich kenne jetzt mittlerweile auch einige Dinge, die Rückschlüsse zulassen, eine kleine Kriminalistik, eine kleine Psychologie. Zum Beispiel war kürzlich ein Mann bei uns, ach, ich wußte kaum etwas über ihn. Ich habe ihn aber beobachtet, unauffällig, damit er sich ungeniert benähme. Auf einmal bohrte er in der Nase, gedankenverloren, selbstverständlich, gründlich und dabei weitersprechend von einem Dichter. Dann hatte er das Ergebnis am Finger. Doch nun erschrak er offensichtlich. Man sah, wie er zögerte, wie die Geste steckenblieb, diese Bewegung der Hand zum unteren Stuhlrand, wie er es gewohnt war. Er spürte unsere Blicke und wußte nun nicht mehr wohin damit. Ich schloß daraus: Dies ist ein Junggeselle, jemand, der meistens einsam lebt in seinem Zimmer und hier versehentlich seiner gewohnten Beschäftigung nachging. Ach, oft erkenne ich solche Sachen. Man kann daraus schließen.

Herr Witter lächelt, trinkt noch einmal aus seiner Tasse und schaut zur Tür. Schon tritt die Katze leise ins Zimmer, springt mir locker über die Knie, ich will sie halten, er sieht, wie ich mich vergeblich bemühe, und lächelt immer noch vor sich hin.

Jetzt will ich Ihnen mal was sagen, Herr Witter, man muß mit den Zeichen vorsichtig sein. Bei einer Leidenschaft beispielsweise. Das ist oft begleitet von Kratzen und Stöhnen. Sie wissen das sicher, und es passiert ganz unwillkürlich. Erst hinterher wird es einem bewußt, man tut es einfach in diesen Momenten. Doch später, das habe ich gemerkt, erinnert man sich, wenn die Leidenschaft nicht mehr so feurig ist, an diese Symptome. Man denkt: Sie waren die Zeichen der Leidenschaft, man trauert darum, man denkt sehnsüchtig daran zurück. Dann meint man vielleicht, man könne durch Kratzen und Stöhnen, umgekehrt quasi, die Leidenschaft wieder zurückbekommen. Doch das ist Unfug, das ist entsetzlich: Man spürt die gegenwärtige Kälte nur deutlicher, die Zeichen hängen in der Luft, getrennt von den Körpern, die unangenehm aneinanderstoßen.

Herr Witter bewegt sich nicht und schweigt. Ich kann keine Schlüsse ziehen, er sitzt nur da mit geöffneten Augen, nichts zuckt in seinem Gesicht. Alles merkt er und zwingt mich, immer weiter zu reden.

Sehen Sie, ist Ihnen das schon aufgefallen, Herr Witter: Die Wut, wenn ein Symptom nicht verstanden wird? Jemand versucht, wie gewohnt, mit einem bedeutsame Blicke zu wechseln. Man selbst aber sagt: Was gibt es? Man tut, als verstehe man nicht. Man sagt: Ist was mit meiner Lippe los? Ein Krümel? Verschmierter Lippenstift? Man spürt sofort die Beschämung des andern. Wenn mir das passiert, bin ich zornig, daß mein wichtiger Blick, dieser Augenaufschlag nicht landen kann. Etwas Schlimmes geschieht, wenn ein Zeichen nicht mehr verstanden wird. Die Welt ist plötzlich ernüchtert. Die Macht, die Magie des Gegenübers ist hin.

Ich sehe Herrn Witter in die Augen. Er schaut zurück, still wie ein Stock, ganz ungerührt, doch nichts entgeht ihm. Er scheint nicht auf meine Worte zu hören. Er fällt aus Routine auf gar nichts rein. Ja, das ist es, er schaut so unbestechlich in die Gegend. Ich kann es aber noch immer nicht lassen.

Das Schönste ist doch die Ehrlichkeit, die Natürlichkeit: Welches Aufatmen, welche Entspannung, wenn man irgendwann in sich zurücksinkt wie in ein weiches, warmes Sofa, alt, verschlissen, aber bequem und sich sagt: Was soll das Getue, so bin ich eben, so und nicht anders. Ja, wirklich. Ich habe Leute, beneidenswerte, reden hören: So bin ich eben. Die glücklichen, bescheidenen Menschen. So bin ich eben, sehr liebenswert nicht, interessant nur für wenige, doch an Interesse auch kaum interessiert. Welche Entspannung, es nicht mehr darauf anzulegen, Herr Witter, von vielen Leuten geliebt zu werden!

Nun müßte er doch verlegen sein! Doch er zeigt es nicht. Er hütet sich, auf dem Stuhl zu rutschen oder sich auf die Lippen zu beißen. Herr Witter ist nur auf Gesten aus. Er sammelt Symptomatisches.

Herr Witter, fahre ich nun uneingeschüchtert fort, im Gegenteil, jetzt noch mutiger, selbstbewußter: Herr Witter, das Wichtigste habe ich Ihnen noch gar nicht gesagt. Er wird nicht aufmerksamer. Sein Blick wandert nicht von den Büchern, die er seit einiger Weile schon mustert, her zu mir. Jetzt aber doch, aber nur, weil ich aus dem Fenster raus einen Mann mit grauen Haaren grüße.

Herr Witter, nun sehen Sie mich einmal an: Ich runzle die Stirn. Was bedeutet das wohl? Ich schlage jetzt mit der Faust auf den Tisch. Ich strecke Ihnen die Zunge raus. Ich starre Sie an mit offenem Mund: Was bedeutet das wohl? Für Sie ist das keine Schwierigkeit, gut, Sie wissen auch das. Aber sehen Sie, andere Leute nicht. Ich sitze in einem Lokal, ich schaue den Kellner plötzlich an, wie hingerissen. Ich frage ihn jedesmal irgendwas, wenn er nur in meine Nähe kommt. Ich lassse mir zu einem Essen raten, bitte um Feuer, ich sehe auf seinen Mund, seine Hände. Was wird er denken, was denken die Leute am Nachbartisch? Das Falsche! Herr Witter. Ich bin an dem Mann gar nicht interessiert. Oder ich sitze in einem Vortrag. Ich schüttele plötzlich meinen Kopf, ich gähne, ich mache die Augen zu, ich lache, ich halte die Hand vor den Mund, immer noch lachend. Was wird der Vortragende vermuten? Wieder das Falsche! Ich höre überhaupt nicht hin, ich finde ihn weder komisch noch ernsthaft. Ich weiß, es ist kindisch. Verstehen Sie aber: Es hilft mir so, falsche Zeichen zu machen. Ich lasse die Finger jetzt unruhig werden. Man müßte, man kann gar nicht anders, denken, ich sei nervös. Ich stottere Ihnen Sätze vor, ich erzähle ungefragt vor mich hin, ich schütte mein Herz aus über die Kindheit, über Probleme der Gegenwart. Schon wird man Geläufiges behaupten. Ich sitze zufrieden in meinem Stuhl und sehe der Ohnmacht der anderen zu. Sie stolpern in den Symptomen rum, sie verfangen sich, ich aber hantiere vor ihren Augen, zusammenhanglos. Welche Erfrischung, ich atme freier, ein Gefühl von Überlegenheit. Jetzt passieren die Zeichen nicht mehr mir, sondern den andern. Ich ziehe mich dabei zurück.

Herr Witter lächelt. Er weiß ja Bescheid. Er fiele auf solche Spuren nicht rein. Er liest in meinem Zimmer und mir unbeirrt vor sich hin, sammelt, verbindet.

Nun aber endgültig raus mit der Sprache! Herr Witter, das Schönste ist das noch nicht. Das Schönste ist dies: Ich weiß, was Sie können. Sie sehen die Oberfläche an und kennen den Grund. Sie können die Dinge zusammenrechnen. Was eine Person auch vor Ihnen tut: Sie wittern die geheime Bedeutung, Sie sehen Logik und Symbol, eine winkende Hand, ein Blumenstrauß, ein Stückchen Käse, ein Tropfen Schweiß des Ehemannes! Sie sind nicht auf Gesten angewiesen, nicht einmal das. Wer würde Sie schon hintergehen mit Vorsatz und Absicht und Erfolg? Sie finden die Fährte ganz woanders, am Rande, Sie schätzen den Nebenweg. Sie spüren dem Zufall, dem Unwillkürlichen immer nach, ihm vertrauensvoll und erfinderisch. Herr Witter, Sie fügen Getrenntes zusammen als wäre es Dichtung, steif und geordnet.

Ben Witter ist auch nur ein Mensch. Das muß er gern hören, es wird ihn ein bißchen, zumindest, rühren. Er sieht mich bewegungslos an, gibt sich keine Blöße, nur gegenwärtig durch sein Zuhören, sein schweigendes Beobachten. Man könnte seine Anwesenheit vergessen, übersehen, so zurückhaltend benimmt er sich schon seit Stunden. Ja, er ist unentbehrlich. Hinter seiner ruhigen Stirn braut er die Einzelheiten zusammen. Man fühlt sich heil und beschützt und gereimt in seiner heftigen Aufmerksamkeit.

Herr Witter, ein Letztes. Das, was ich Ihnen die ganze Zeit sagen wollte. An manchen Tagen bin ich aufgrund all dieser Ihrer Vorzüge, des eben genannten am meisten, ganz auf Sie angewiesen. Die verschiedensten Dinge, die ich tue, bringen Sie unter ein Dach. Ich stelle Sie mir vor, wie Sie da sitzen und mich verfolgen, registrierend und schließend. Schon bin ich wie aus einem Stück, mit Umriß und schlagend als Person. Ein wunderbares Gefühl! Was ich mache, ist von geheimem Belang durch Ihre Anwesenheit, Ihr Vermerken und Ordnen, als würde mir beim Friseur stundenlang und behutsam in warmer, nach Shampoo riechender Luft in schaumigen Wolken der Kopf massiert. Ich bin so sicher, auch dieser Tag mit meinen unterschiedlichen Sätzen ergibt dank Ihrer Bemühung längst einen Extra-Sinn.

Die gemusterte Nacht

Gingen die Tage nicht hin und her, als würde einem der Kopf von sachten Ohrfeigen gewendet? Wellen trafen geduldig ein. Eine Katze wechselte am Nachmittag von den heißen Kacheln zu den kühlen und zurück, ihr Totenkopfgesicht hob sie dabei kaum zu mir her. An gestreckten Armen hielt man nackte Kinder ins Wasser, runde Felsbrocken lagen im Meer, am Abend, so friedliche, vernünftige Massen. Mein Atem ging brennend über meinen Handrücken, daß ich vor mir selbst erschrak und mich daran freute. Die Ameisen markierten schräg über präzisen Schatten zuckende Wege, und ich sah oft die Schwimmer an der Wasseroberfläche schweben, und auch sie warfen einen genauen Schatten auf den angeleuchteten Grund. Ich lehnte mich zurück. Ein Gasgeruch durch das Mückenfenster an der Küche, eine bleiche, nach oben gewandte Katzenkehle, die Hälfte von allem tagaus, tagein das einfache Meer, zum Horizont immer prinzipieller, formelhafter werdend. Das Meer, die feste Fläche, ein Widerspruch zur Lebendigkeit, eingefügt und angefügt, eine Gegenwart, ein Dunst, eine gestreifte Ebene, eine Beruhigung und Andersartigkeit. Von dort konnte man auf das Lebendige wie auf ein Gestorbenes, aber in der erinnernden Vorstellung sich Steigerndes zurückblikken. Auf meinem Schoß atmete die schwere, schwangere Katze. Ich bemerkte den Unterschied zwischen den klar umrissenen Steinen im Wasser und den feuchten, nur ab und zu überspülten. Die Veränderung war deutlich, doch nicht zu fassen am entscheidenden Punkt. Wie Luft war ja das Nasse, das Wasser, zum Wahnsinnigwerden, ich mußte immer hinsehen. Auch am Horizont gab es so etwas. Da spürte ich das Bedürfnis, zwischen Himmel- und Wasserdunst mit den Augen weiterzukommen, das scheinbar Vertikale Stück für Stück flach zu legen in immer neue Sichtbarkeiten hinein. Als würde man stetig mit Wörtern im Unformulierten vorandringen, so kämpfte ich mit den Augen dagegen an. Das stille Wasser überschwemmte regelmäßig die niedrigen Felsen und sank zurück aus den Ritzen, die in plötzlicher Magerkeit dastanden. Ich versuchte, während ich den Kopf in einer hellen Glut, die über das ganze Meer wegreichte, gesenkt hielt, im gleichen Rhythmus zu atmen, ein und aus, und das lange. Immer staute sich am Meeresrand noch einmal das verbindliche Leben mit den Badenden. Jeden Tag sah die Katze auf die Weinberge und die Brandung, manchmal am Morgen, gleichmütig. Erkannte sie den Horizont? Dicke Männer und Frauen lagen verstreut in einer Gruppe auf Steinen, teils im Wasser, teils außerhalb. Sie lachten und räkelten sich, als wären sie auf diesen Steinen großgeworden und wie auf einer Weide, die sie sättigte. Mittags sackte ich fast in eine Besinnungslosigkeit.

Eines Nachts aber, als es drei Uhr war, mußte ich sofort die Fensterläden aufstoßen, um schnell freie Luft zu atmen. Das Gesicht mußte ich weit aus dem Fenster halten und keuchen und mich beruhigen. Es gab ja genug Kühle draußen, in der Finsternis, eine kurze Finsternis aber, eine kurze Finsternis war es nur, eine grelle Helligkeit entstand, eine Felswand strahlte auf gegenüber von mir, sichtbar jeder Halm, der aus den Spalten wuchs, eine kurze Helligkeit, eine kurze Grellheit nur vor der vollkommenen Finsternis wieder, und wieder eine neue, schlagartige Beleuchtung der aufragenden Wand und weiter der Mulde mit einzeln ans Licht gezerrten, verwilderten Weinstökken, eine kurze, eine blitzartige Deutlichkeit, eine Künstlichkeit und wieder ausgelöscht von der natürlichen Dunkelheit. Nein, eine Schwärze war es jetzt und nicht mehr etwas Natürliches, etwas zu Messerscharfes war es geworden, das aussetzte, etwas Scharfkantiges vor einer dritten Tageshelligkeit, die, noch einmal ruckartig in die lichtlose Landschaft geschnitten, im Bereich ihres Wirksamwerdens etwas festhielt und bannte, Felsen und Mulde in starrer, schriller Genauigkeit ohne Ablösung, ohne so schnelle Ablösung wie vorher, diesmal anhaltend zum Ausforschen lange, dann gleichzeitig alles verschwunden im geschlossenen Finstern. Das war vorhanden wie immer, wie ein endgültiger Zustand und täuschte: Neu schlug das Licht gegen die Felswand, ein knapper Zwischenraum Nacht, wieder kurz, dann länger, das Signal des Leuchtturms also, der von dieser Stelle aus verdeckt am hohen Ende der Bucht stand. Das wußte ich ja, aber ich hatte bisher immer nur das Scheinwerferlicht als quer in der Luft mechanisch pulsierenden Strahl, von der Dämmerung an kräftiger werdend, jedoch mit zunehmender Breite die Leuchtintensität vermindernd, wahrgenommen, und das schließlich nur noch, wenn ich es ausdrücklich wollte. Hier stieß er auf den steil ansteigenden Weinberg, auf den abgebrochenen Felsen, die voll getroffen aus der abreißenden Schwärze sprangen und, immer im gleichen Rhythmus, kurz, kurz, lang, unter einem gewaltigen Lidschlag verschwanden. Ich saß auf dem Fensterbrett und sah das an, mit einer Begeisterung und doch beinahe schlafend. So ging das Auf- und Zuklappen der Landschaft in mich über. Ich hielt die Augen offen, aber ich erinnerte mich, vor mir zeichnete sich, ich fragte nicht, warum, überraschend etwas anderes, etwas Entferntes ab.

Einmal hatte ich abends an einem angestrahlten Tisch gesessen, mit einer Freundin, bei einer Tasse Kaffee. Gern hätten wir uns eins der grünen und roten Getränke kommen lassen, die routinierte Erwachsene um uns herum verlangten, aber wir konnten die geflüsterten Namen nicht verstehen. Wir wußten nicht, was wir für Gesichter schneiden sollten. Wenn wir uns gegenseitig betrachteten, fanden wir uns lächerlich, aber allein zu sein, wäre noch schlimmer gewesen. Darum verstellten wir uns voreinander. Nichts gestanden wir uns ein, als hätten wir es geschafft, so taten wir, aber nicht einer dem anderen zuliebe. Es ging auch. Man beachtete uns nicht, mehr war nicht zu erhoffen. Schon darauf, daß niemand über unsere Ungeübtheit den Kopf schüttelte, konnten wir stolz sein. Wir saßen an einem Ort im Süden, am Mittelmeer, in einem Straßencafé, und ich war aus Trotz dorthin gefahren, nach dem Abitur, von im Büro verdientem Geld. Bestrafen wollte ich jemanden damit, der sich überhaupt nichts daraus machte. Plötzlich starrten uns vor dem Tisch zwei Männer an. Sie mußten sich über die Stuhllehnen beugen und rührten sich, so gekrümmt, nicht vom Fleck. Sie versperrten uns den Ausblick, und das offenbar mit Absicht, wir waren gezwungen, sie anzusehen, wenn wir nicht deutlich die Köpfe verrenken wollten. Dann hielten sie lange Halme in den Händen und versuchten, die Asche, über die Tischplatte weg, von unseren Zigaretten abzustreifen. Ich lachte nicht als erste, aber kurz darauf gingen wir mit ihnen die hellerleuchteten Bürgersteige entlang. Glücklicherweise hatte sich der, dessen Gesicht mir gefiel, für mich entschieden. Ich dachte nichts, ich bewegte mich nur mit einem Mal gern zwischen den Leuten vorwärts, weil ich mich leichter fühlte, ich war mir meiner selbst nicht so bewußt, ich vergaß mich ein wenig, ich schritt jetzt selbstverständlich und gedankenlos aus, ich hörte gar nicht hin. Er lachte auf eine Art, die mich nicht abstieß. Von mir aus konnte es immer weiter so geradeaus gehen, in der warmen Luft. Ich drehte mich nicht nach den anderen beiden um, ich mußte nichts sagen. Manchmal sah ich den Mann aus den Augenwinkeln an. Da setzte die Beleuchtung abrupt aus, und wir überquerten mit lockeren Schritten die Straße, um ein Stück auf der anderen Seite im Hellen zurückzuschlendern. Als wir uns der Bar, vor der wir gesessen hatten, genau gegenüber befanden, hielten wir einen Augenblick an. Die beiden Männer zeigten über einen breiten, dunklen Streifen, der ziemlich rasch hinter dem beleuchteten Bürgersteig begann, zum Meer hin. Sie brauchten gar nicht so viel zu reden, sie sollten sich ihre besänftigenden Gesten sparen, es war ja gut! Ich dachte mit Vergnügen an jemanden, der sich nichts aus meiner Abwesenheit machte. Ich vertiefte mich in eine Vorstellung, ich fühlte ihn jetzt endlich nah bei mir. In meiner Schadenfreude war mir gelungen, ihn herbeizuzaubern, als wir über Gerümpel, über gerade noch erkennbare Autoreifen und Abfallpapier auf das Meer zugingen. Nun packte mich natürlich ein Arm, ich spürte einen Druck auf meiner Hüfte, der da bleiben konnte, so fiel ich nicht hin, er war ja nur leicht. Ich wunderte mich nicht, wie das Reden neben mir, das ich nicht verstand, sich ohne Unterbrechung fortspann, ich wußte ja: damit keine Pause zur Verblüffung aufkam, damit es sich so entwickelte, daß wir in einem sanften, unbemerkten Übergang an einer Mauer lehnten – ich spürte die Unregelmäßigkeiten der Steine in meinem Rücken, viele kleine Eindrücke durch den Stoff – in einer Umarmung, in einer unangemessen stürmischen

Annäherung unserer Lippen, und nichts anderes spielte sich ab, spiegelte uns sozusagen, ein Stück weiter nebenan. Keine Stille, aber auch keine Wörter mehr, ein kurzes Flüstern, ein Rascheln. Wie auf Verabredung schoben wir die Männer nach einiger Zeit von uns weg ohne Schwierigkeiten. Es sah aus wie ein fortgeführtes Spazierengehen zu einem Ziel, das sie bestimmen konnten. Wieder stiegen wir, in Richtung des Straßencafés nun, über Taue und Reifen weg. Wir gingen unter den Lampen ruhig auf die ersten Tische zu, wo unser Platz noch immer leer war, wo die Stühle, als hätte man sie für uns freigehalten, standen, wie wir sie weggerückt hatten. Wir rührten uns nicht, für einen Augenblick der Unentschlossenheit, in voller Beleuchtung vor den Augen der Gäste, den uns mittlerweile tatsächlich zugewandten, das wurde mir in diesem Moment bewußt. Diesmal galt ihr Interesse uns, eine lächelnde, verzeihende Aufmerksamkeit, die über unsere Gesichter rauf- und runterwanderte und über unsere Kleider, eine geringschätzige Verschmitztheit, ein leichtes Kopfschütteln, ein: Aha! war es, ich begriff das plötzlich. Sie hatten es die ganze Zeit erwartet und im Auge gehabt, dagesessen bei ihren roten und giftgrünen Getränken und ungeschickte Touristinnen sich entfernen sehen, um sie weiß Gott welche Dinge treiben zu lassen, und richtig, jetzt kehrten sie zerzaust zurück. Eine Vorführung, eine Verführung, die sie zerstreute, ohne daß sie einen Finger krümmten. Da trog sie ihr Instinkt nicht, so lief das hier jeden Abend, mit wechselnden, sich fügenden Personen ein und derselbe Ablauf. Das legte sich mir wie eine unverschämte, wie eine anhängliche Hand auf die Haut. Wie sollte ich ihnen das aus den Gehirnen reißen, ihre Vorausschau, ihre Einmischung, ihren für uns entworfenen Plan! Die Männer, die schüttelten wir leicht ab, aber nicht die Allwissenheit der Zuschauer, und in meiner Wut rannte ich ohne Erschöpfung den langen, ansteigenden Heimweg über die Küstenstraße im Schatten der Hecken von ihnen weg.

Ein Jahr früher, an einem stürmischen Nachmittag, in den Ferien, die ich an der Nordsee verbrachte, war ich lange am Wasser entlanggegangen und hatte mir ein kariertes Tuch um das Haar geknotet. Ich ließ den Kopf hängen, ich sah nicht hoch, nur vor mich hin in den nassen Sand. Damals kam mir der Einfall, verliebt zu sein in einen Mann, den ich noch nie gesprochen hatte. Er spielte im Kurorchester und schaute als einziger manchmal direkt die Zuschauer an. Ich ging schneller, als ich eigentlich wollte, das lag am Wind, der kräftig gegen meinen Rücken drückte. In der diesigen Luft erkannte ich, wenn ich mich umdrehte, die Jugendherberge, in der ich wohnte. So verdeutlichte ich mir die Entfernung bis zur Auflösung des Gebäudes im Nebel. Nun konnte ich mich ganz verlassen fühlen. Der Musiker war am Tage vorher abgereist, und ich wollte trauern und frieren und mir eine Erkältung holen. Ich ging auf der Buhne, zwischen heranrollenden Wellen, um vom grauen Wasser gefährlich umgeben zu sein, setzte mich in die Hocke, legte die Arme um die Knie, das war schon immer eine Haltung, in der ich lange ausharren konnte, und betrachtete die schwankende Meeresoberfläche. An das etwas verschwommene Gesicht des Musikers versuchte ich mich zu erinnern, dessen Röte mich störte, die ich aber mit einigem Aufwand an Konzentration wegdachte. Ich kannte niemanden auf der Insel, und es gefiel mir, etwas zum Phantasieren und Betrauern zu haben. Was wäre denn sonst mit diesem sang- und klanglosen Nachmittag geschehen? Konnte es etwa besser sein, ohne Liebe in einem Zimmer zu sitzen und ein Buch zu lesen? Beim Aufblicken bemerkte ich einmal zufällig einen Mann mit einer übergestülpten Kapuze. Er saß ein Stück weiter weg, neben ihm lag Angelzeug, das er aber nicht zu benutzen schien, ich achtete auch nicht darauf, denn mir fiel jetzt etwas Feuchtes über das Gesicht, und heimlich begeisterte ich mich, daß es wirklich Tränen waren, die da aus meinen Augen hinabsackten. So sehr war ich also dieser tatsächlichen Umgebung mit meinen Empfindungen entrückt! Ich stellte allerdings fest, daß der Mann seine Sachen zusammenpackte und sich langsam aufrichtete. Ich wandte mich wieder dem Wasser zu, denn er kam mit einem schaukelnden, geruhsamen Gang heran. Ich dachte es sofort, hoffte aber auch, daß er an mir vorbei bis zum Buhnenende wollte. Ich machte meinen Rücken rund und runzelte die Stirn, um ihn abzuwehren, ich spürte jedoch gleich, daß es nichts nutzte. Er blieb einen Augenblick neben mir stehen und ließ sich dann genauso in der Hocke nieder wie ich. So sehr sah er mich von der Seite an, daß ich ihm das Gesicht zudrehen mußte. Er hatte derbe Backen, die von der frischen Luft glühten. Der fror nicht, während ich schon zitterte und gegen einen Krampf in der Brust atmete, ein viel älterer Mann mit einer freundlichen Stimme. Ich erzählte ihm eine Geschichte, ich faßte willkürlich Vertrauen, wenig stimmte darin mit meiner überein, aber es war ein Geständnis, der Form nach, eine Unterhaltung, die mich tröstete, und er konnte mir seine häßliche, wetterfeste Jacke um die Schultern legen. Wischte er mir nicht sogar die Tränen ab? Ich redete jedenfalls, und er unterbrach mich keinmal. Schräg über uns befand sich ein Restaurant mit großen Panoramascheiben, das entging mir nicht. Überall an den Fenstern saßen Leute bei vermutlich teurem Kaffee und Kuchen. Wir gaben für die ein schönes Bild ab, das sah ich gleichzeitig, und es ärgerte mich sehr, daß wir ihnen von hier unten so sprechende Gesten anbieten mußten. Alles Mißverständnisse, natürlich, aber darauf kam es nicht an. Trotz meines Zorns darüber ließ ich den Anorak auf meinen Schultern, aber ich wußte nun, wie man das von oben genoß: Wie ich meine steifen Beine rieb und der Verlockung nicht widerstand, neben dem Mann mit gleich großen Schritten die Buhne zu verlassen, durch den Sand auf das Café zuzustapfen, jetzt für Augenblicke aus ihrem Gesichtskreis zu verschwinden und dann in ihrer Mitte aufzutauchen, in einer schlimmen Verfassung, mit blaugefrorenem Gesicht und dem eng darum geknoteten Kopftuch. Aufgegabelt, kurzum! Sie schauten unverhohlen her, und ich fühlte den Mann mit seinem ganzen Körper plötzlich zu den Leuten zurückgrinsen, da nutzte es gar nichts, daß ich ohne die Jacke und das Tuch und nach zehn Minuten aufgewärmt, wieder besser aussah. Das verfolgten sie, das aß ich vor ihren Augen: eine große Portion Sahnetorte. Das trank ich: ein Kännchen Kaffee, einen Schnaps. In ihrer Wachsamkeit fiel ihnen auf, daß der Mann einige Male nach meiner Hand griff, die ich zurückzog im Reflex. Sie registrierten, daß ich zu mir kam, daß mir die Torte schmeckte, daß ich das brauchte und aufblühte. Ich haßte sie und den Mann dafür, aber ich benötigte Essen und Wärme so sehr, daß mich ihre Gier nicht daran hinderte, alles in scheinbarer Gemütsruhe aufzunehmen, und als ich die Tasse endgültig absetzte und der Angler eilfertig aufstand, übersahen sie das gewiß nicht. Ich ließ auch das noch geschehen und mich wie ein Schaf aus diesem

Raum, an den Tischen vorbei, was half es, daß ich die Leute anstarrte wie persönliche Feinde, nach draußen führen. Auch da konnten sie noch verfolgen, wie ich neben ihm, in eine andere Richtung als die, aus der ich gekommen war, verschwand, daß es mir, so gewärmt und gestärkt, nicht schwerfiel, mich vor dem Hausflur, in den er mich zu schieben versuchte, loszureißen, nicht mehr.

Viel später saß ich mit zwei Männern und einer Frau an einem Wirtshaustisch. Außer uns befand sich nur noch die junge, schwarzhaarige Besitzerin im Raum, die im Dorf, in dem wir anderen alle Lehrer waren, den Ruf einer leichtsinnigen Person hatte. Schon in ihre Kneipe zu gehen galt als Zeichen einer gewissen Anrüchigkeit. Der Rektor und der zweite Mann gaben sich vorurteilslos, die Wirtin beobachtete das kühl. Sie lächelte mit ihrem etwas zügellosen Gesicht und sagte nur das Notwendigste, auch als an unserem Tisch die Stimmung immer ausgelassener wurde und die Männer mit brennenden Köpfen einen Schnaps nach dem anderen tranken. Sie lauerte sicher zu uns herüber, aber doch auf eine kalte, gleichgültige Weise, die beide Männer zu noch aufgeregterem Betragen anstachelte. Hier leisteten sie sich, nach einer Konferenz, einen fröhlichen Abend ohne ihre Frauen, in aller Verschwiegenheit mit zwei neuen Lehrerinnen, und da stand, vor Spiegel und Flaschenregal, die Wirtin und betrachtete, wie sie sich steigerten, mit dieser kleinen Spur von Verachtung, die sie ahnten, gegen die sie anlärmten, als wäre heute abend entscheidend, daß sie ihnen ihre Bürgerlichkeit, die sie ihr so ausladend darboten, so hilflos offensichtlich, für ein paar Stunden verziehe. »Mann Gottes!« rief schließlich der Rektor, »her mit Ihnen! Hier geht es doch sonst so lustig zu, hört man, hört man!« Sie kam für ein Bier und lachte mit schönen Zähnen und solchen Blicken, daß keiner der beiden Männer wagte, sie zu berühren. Sie hatte eine Friedlichkeit an sich und überragte den kurzen Rektor um einen Kopf, und unbewegt ließ sie ihn ihren Busen begaffen, als zähle er nicht. Exakt nach dem letzten Schluck entfernte sie sich und wiegte sich dabei in den Hüften auf eine mitleidige, ironische Weise. Wieder spürte ich von der Theke her ihre abschätzenden Blicke, besonders zu uns Frauen, die sie noch nie hier gesehen hatte. Sie lächelte und wußte etwas im voraus, unbeirrt von unserer immer noch korrekten Haltung. Sie lehnte da, rauchte und wartete. Und ich sah sie da lehnen, das blasse Kinn in die Hand gestützt und mit dem Zeigefinger unregelmäßig gegen die Wange schlagend. Da erhob ich mich sofort, als nun der korpulente, faltige Rektor die Musik lauter stellte und mich zum Tanzen aufforderte. Sie drehte den Kopf, sie lächelte stärker, auf uns alle schien das elektrische Licht, sehr grell für ein Wirtshaus, es gab keine dämmrigen Winkel. Ich wußte nicht, ob das immer so war, alles blieb gut erkennbar, auch das schwitzende Gesicht des Rektors, auch das andere Paar, das wesentlich behender tanzte. Man sah die beiden Köpfe unter den Lampen, die vom Lachen aufgerissenen Münder, und Tränen liefen ihnen über die Wangen, so amüsierten sie sich. Sie stolperten und klammerten sich aneinander, und von der Theke sah die Wirtin her mit einem siegesgewissen Lächeln und geduldig. Da ließ ich zu, nun auch sie genau beobachtend, wie sie sich zufrieden auf die Lippen biß, daß der Rektor mit seinen kurzen Händen meine Brüste zu drücken begann, und ich hörte mir ohne Antwort an, daß er sagte: »Das hätte ich mir nicht träumen lassen!« Es machte mir nichts aus, ich versuchte nur zu vermeiden, daß sein Mund meinen berührte, und wischte mir das Kinn, ohne ihn durch eine auffällige Geste zu kränken, immer neu mit meinem Handrücken trocken. Ich sah im Spiegel, daß aber auch mein Gesicht brannte, und nur die Frau an der Theke stand blaß da. Ihre Augen wanderten von dem einen Paar zum anderen und sahen es wie eine Verdoppelung. Da hatte sie endlich genug und sich satt gesehen. Sie wandte uns den Rücken zu. Augenblicklich verließ mich das Interesse, das hier auch nur ein bißchen weiterzutreiben. Es war eine plötzliche Nüchternheit und Nacktheit im Raum, und als habe er gespürt, wie sich meine Haut wieder zu einer festen, spröden und kalten Oberfläche verdichtet und ganz um mich geschlossen hatte, fiel der Rektor erschreckt von mir ab. Die Frau war verschwunden, jemand bezahlte bei ihr im hinteren Zimmer, unser Aufbruch reizte sie nicht mehr, und die letzten, entmutigten Annäherungsversuche drangen gar nicht mehr durch zu mir in meiner Verdrossenheit. Am nächsten Tag war Fronleichnamsprozession. Da trafen wir uns alle wieder in Sonntagskleidung. In der Hitze des Vormittags gingen wir mit langsamen Schritten neben singenden, betenden Schulkindern. Wir kamen auch an dem Wirtshaus vorbei, das etwas abseits lag, wo schon die Äcker und Wiesen anfingen. Die Wirtin stand vor der Tür. Sie sah uns alle, den Rektor und den anderen Lehrer, der seinen Kopf gebeugt hielt, die Lehrerin und mich. Die hatte die Hände im Rücken verschränkt und die Beine voreinander und den Kopf weit, mit herausgewölbter Kehle, nach hinten an den Türpfosten geworfen, als würde sie wild auflachen, so stand sie da, aber ganz stumm, und kurz begegnete ich ihrem sanft triumphierenden Blick. Da straffte ich mich noch einmal, da zwang es mich, unter ihren Augen die Hände vor meiner Brust in anzüglicher Frömmigkeit todernst zu falten.

Ich saß auf dem Fensterbrett und sah mit einer Begeisterung und doch beinahe schlafend das Auf- und Zuklappen der Landschaft, das in mich übergegangen war. Noch nie hatte ich mich an die drei Ereignisse hintereinander erinnert. Wieder schlossen sich die Tage über und unter mir, etwas Verschwindendes. Ich roch die Landschaft. Ein Schauspiel war das. Ich sah es mit scharfen Blicken an, das Licht und seine Gegenstände, ich sah es freundlich und mit Trauer, daß es vergehen würde. Ich hielt mich den Eindrücken hin. Wie im Märchen sagte ich manchmal ganze Sätze in Büsche hinein. Und doch versuchte ich tagsüber immer öfter, in der grellen Hitze, mir die Gegend aufzuckend und verfinstert vorzustellen. Das war schwer und eine Willenssache, aber es gelang von Mal zu Mal besser, sie in diese rhythmische Bewegung zu versetzen, anfangs natürlich durch den eigenen langen und kurzen Wimpernschlag, später verdunkelte sie sich bei geöffneten Augen und flammte auf, wie ich es wollte. Es ist leicht, auch jetzt noch steht überdeutlich im Kontrast die ausgebreitete Tageslandschaft auf Anruf in meinem Gedächtnis in der zerschnittenen Nacht und an mich gerissen.

Francesco und Lidia

Zum Beispiel war damals immer um fünf Uhr ein dicker, bleicher Mann, trotz der Hitze in einem Anorak, ohne anzuhalten mit einem Plastikbeutel auf dem Betonweg zwischen den Felsbrocken zu seinem besonderen Stein gegangen. Wenn er dann den blassen, fetten Oberkörper vorzeigen mußte, die Chlorbrille aufsetzte und auf den glitschigen Steinen ins Wasser balancierte, wurde er wirklich ein Ungeheuer. Sobald er zu kraulen anfing, sah keiner mehr weg. Ein Hochseedampfer, so gleichmäßig zog er vorbei, mit den allerempfindlichsten Fühlern, so streichelnd tauchten die Hände ins Meer ein bei jedem Zug. Nach zwanzig Minuten ging er wieder, das Monstrum, die Schenkel rieben sich rot aneinander, der feiste Rücken preßte, zu allem Übel, die Nässe in Flecken durch den Anorakstoff.

Eines Tages entdeckte ich Lidia. Ich betrachtete Wellen, ein Knie, einen Hund in der Nähe, überlegte aber dabei. Was gefiel mir denn? In ihrem Gesicht, sagte ich mir, das Unerschrockene, gleichzeitig angenehm Lauernde. Augen und seitliche Mundhälften wiesen die gleiche Schrägung auf. Ich sah nochmal hin und stellte abschließend fest: Sie war unter all den Hübschen die einzig überaus Schöne. Ich merkte es an der Freundlichkeit, die sich neuerdings an diesem Ort in mir auszubreiten begann.

Frühmorgens, Tag für Tag, marschierte hier auch ein Vater, ein Pastor nahm ich an, mit seinen fünf Kindern zum Strand. Seit Verlassen des Hauses trugen sie ihre Bademützen auf blonden Köpfen und sangen unbekümmert in der südlichen Gegend Wanderlieder. Einmal rief er, als »Toter Mann«, lauthals: »Schaut, was ich kann!« Die fünf, in Rückenlage unverzüglich, rangen nach Atem, und er blieb Sieger. Eine Mutter wurde nie sichtbar, vielleicht erwartete sie das sechste. Wenn ein Blickwechsel klappte, grüßte er gleich. Die Ältesten lernten die Jüngsten an. Beim Gehen setzte er die Füße nach außen, in hohen Lederschuhen, doch sockenlos, möglicherweise aus Trotz.

Ich drehte den Kopf wegen einer Stimme, die italienische Wörter rief. Es war nicht die Tiefe, die meine Aufmerksamkeit erregte, sondern die Mischung aus rasselndem Keuchen und einer darunter verborgenen Schmiegsamkeit. Der Satz endete mit ihrem Namen: Lidia. Lidia, auf dem Bauch, stemmte sich hoch, verzog keine Miene, schrie aber etwas zurück mit noch tieferer Stimme als der des Mannes und ohne Weichheit. Sie klang fast barsch, wie ein Anschnauzen fast, aber das mußte anders sein. Er lächelte nämlich zufrieden, doch ich dachte mir gleich, es wäre besser, befriedigt zu sagen. Er stand jetzt vor ihr, sah auf sie hinunter, und sie hatte sich auf den Rücken gerollt, trotz des grellen Lichts mit geöffneten Augen. Sie sagte: »Francesco!« und bot ihm eine Zigarette an. Sie schienen gleich groß, gleich alt zu sein, mit sportlichen, trainierten Körpern, mit sorglosen Körpern, denen so leicht nichts zustoßen konnte. Seiner war nur etwas rundlicher, gepolsterter, entspannter als ihrer. Wenn man sie also, fragte ich mich, als Löwin bezeichnet, was wäre er dann? Ich zögerte noch, ich wollte ihn wenigstens einmal aus größerer Nähe von vorn ansehen. Der untere Teil seines Gesichtes war bärtig, das verdeckte die Konturen nicht sehr. Er lächelte wieder, ein wenig träge in der Hitze, ein wenig gelangweilt in der Mittagszeit, stand noch immer und hatte die Zigarette vergessen. Als ein kleiner Ball dicht an ihm vorbeiflog, zuckte die freie Hand im Reflex, und tatsächlich sprang das Bällchen wie angesaugt in seine fünf Finger, er hatte gar nicht recht hingesehen. Nun betrachtete er kurz den Ball, hob den Kopf auf Anhieb in die, wie sich herausstellte, passende Richtung, faßte dort, im selben Moment noch, zwei Jungen ins Auge und warf den beiden den Ball so zu, daß sie ihn mit dem Schläger auffangen konnten. Er hatte dabei wieder etwas gerufen, ein dreisilbiges Wort, glaube ich, mit dieser schläfrigen, krächzenden, schmiegsamen Stimme. Lidia hielt währenddessen, halb sitzend, halb liegend, ihre zwei großen Zehen umklammert und schnauzte, ohne ihn anzublicken, vermutlich eine Zärtlichkeit. Er griff in ihr Haar und stellte sich an einen anderen Platz. Alle Frauen um Lidia sahen ihm nach, wie in Gedanken. Sie selbst strich sich auf die Hüftknochen Öl und drehte sich in die Ausgangslage. Ich setzte mich auf einen Stein am Hang, dort führte ein enger Weg vorbei. Das war, unter einem großen Hut, auch um diese Zeit ein erträglicher Ort mit Sonnenbrille und einem Buch. Eine Stunde später hörte ich sie den Pfad hochsteigen. Ich erkannte die Stimmen. Bei mir hielten sie an, und Lidia sagte: »Was für ein schöner Platz zum Lesen!« Ich rührte mich nicht, sie lächelte diesmal. Dann wußte ich es: Er war eine gesunde, männliche Katze.

Hinter einem Felsvorsprung sonnte sich gewöhnlich eine Nackte, ohne den geringsten Absatz auf der Haut. Arme und Beine streckte sie weit von sich. Ein junger Mann saß an ihrer Seite, der die Badehose niemals auszog. Er hockte jeden Tag bei ihr, sie hielten beide die Augen geschlossen. Sie traf ohne ihn ein, er ging ohne sie weg. Sie sprachen nie. Nur manchmal, wenn sie zum Schwimmen aufstand, kam etwas raus. Dann alterte das Fleisch auf einen Schlag. Jede mögliche Faltenbildung war zu studieren, zuerst von hinten. Wenn sie die tropfenden Locken auswrang, von vorn. Auf dem Handtuch verjüngte sie sich sofort.

Am Nachmittag sah ich sie schon von weitem, als ich den Abhang runterstieg, zwischen all den anderen. Ich freute mich, ich hatte also Ausschau gehalten! Zwei kleine Jungen, drei und vier Jahre alt ungefähr, liefen um sie herum, diese hübschen italienischen Kinder, und mir wurde klar, daß nun alles wunderbar zusammenstimmte und daß diesen vieren viel weniger als den anderen auf dem aus Beton gegossenen Block, den morgens und abends oft große Wellen überschäumten, irgendein Unglück zustoßen konnte. Die Gesichter der Kleinen nahm ich nicht genau wahr, wenn sie sich von ihren Eltern entfernten, verloren sie sich, vermischten sich mit den Herumspringenden. Aber lange dauerte das ja nicht. Dann tauchte Francesco bei ihnen auf, niemals hastig, und sie wurden unverwechselbar. Es wimmelte jetzt von Menschen und Hunden auf dem Viereck neben dem schmalen Hafen, von Liegenden, Sitzenden, Stehenden, jedoch Lidia, Francesco und ihre Jungen waren unbestreitbar diejenigen und die einzigen, die sich als gespaltener, wieder vereinigter roter Faden dadurchbewegten und als prächtiger Knoten eine Weile mitten darin verharrten. Es gelang mir sogar, aus dem Lärm ihre Stimmen herauszuhören, die grollende und die schnurrende. Auch die Kinder lächelten Lidia, wenn sie schnauzte, an. Einmal beobachtete ich den sich verändernden Abstand zwischen Francescos und ihrem Körper, auf Handtüchern beide, den strengen Körper Lidias, den ausgewölbteren Francescos. Bei ihr war das Gesicht entscheidend. Sie blieben länger als die meisten Familien und Paare am Meer. Die Betondecke war fast leergeräumt von den Badegästen, auch Liegestühle und Sonnenschirme wurden schon zusammengeklappt. Da konnte ich am Wasser entlangspazieren und sie, sobald ich mich umwandte, trotzdem aus der Ferne gut betrachten. Ich lächelte ihnen über viele Meter offen zu, ohne daß sie es ahnten. Es standen ja noch andere Leute herum, aber die kamen nicht wirklich zum Vorschein, man konnte überhaupt nicht woanders hinsehen, diese beiden waren ausgedehnter und schimmernder. Sie schienen einander immerfort anzuziehen, auch wenn Francesco sich extra davonmachte und Lidia das Gesicht auf den Unterarm legte. Dann saß sie in einem Liegestuhl, aber aufgerichtet. Vor ihr standen die Kinder, und langsam und sorgfältig stülpte sie ihnen über gewechselte Badehosen Karatemäntel mit schwarzen Drachen. Sie hatte das Zeug aus ihrer großen Badetasche geholt, die auf einmal unerschöpflich war, und frisierte mit viel Geduld und einem gewaltigen Kamm die beiden dunklen Jungenköpfe. Francesco, noch immer halbnackt wie den ganzen Tag, war weggegangen. Lidia aber, der die herausgeputzten Kinder entwischten, nahm aus ihrer Tasche ein weißes Kleid, ein strahlend weißes, völlig unzerknittertes Kleid. Sie sah darin wie ein Unschuldslamm aus, mit mageren Knien und jetzt erstaunlich schmächtigen Schultern. Dann schlang sie ein rotes Dreieckstuch um ihre Hüften und wurde sofort verwegen. Das ging ausgeprägt ruhig, beinahe in Genüßlichkeit vor sich, vielleicht sogar unnatürlich gestreckt, ich wußte nicht, sah ich denn jede Geste jetzt so einzeln, und tropfenweise die nächste folgend, oder war es Lidia, die alles so in die Länge zog, weil ihr das eine wie das andere gleichermaßen Vergnügen bereitete, das Kämmen der Jungen, das Umpacken, das Bürsten ihrer eigenen Haare, das gemächliche Schlendern an die Rückfront des Platzes, wo nun, wie auf die Sekunde geplant, ein silberner Volvo aus Pisa hielt und die drei adrett Gekleideten zu Francesco, von dem man nichts als Braunes und Nacktes sah, einstiegen, der nun seinerseits unendlich sachte im Gedränge der Autos und Motorräder wendete und mit diesem großen, sicheren Wagen behutsam die Serpentinen hochfuhr.

Ich bemerkte ja damals auch das Elternpaar, das übermütig mit seinem Sohn und dem Hund spielte. Dann näherte sich die Mutter des Mannes, er war ihr wie aus dem Gesicht geschnitten. Neben der Decke, im Sand, ließ sie sich auf die Fersen nieder. Jetzt sprachen und tobten die anderen nicht mehr. Stumm saß die derbe, lederbraune Alte in ihrem Kleid. Bis in den späten Nachmittag hatte sie geschrubbt, jeden Tag ihres Lebens, so sah sie aus. Die junge Mutter zog plötzlich eine Grimasse, und die blieb lange stehen, als müsse sie einen heftigen Schmerz unterdrücken. Schließlich fing sich die Familie leidlich. Mit der Frau sprach keiner, keiner blickte sie an. Auch das Kind nicht, auch der Hund nahm keine Notiz von ihr. Sie erhob sich flink, ging still hinter ihnen, ließ sich nicht abschütteln und war nicht verrückt geworden davon.

Francesco hielt es nie lange an einer Stelle aus. Es genügte ihm meist, um zwei oder drei Meter den Platz zu wechseln, mit Leuten, die er alle kannte, ein bißchen zu reden, nichts Besonderes, ein gemeinsames Lachen, ein Schlag auf den Rücken, das war schon alles, und er kehrte zu

Lidia zurück. Er befand sich stets dort, wo etwas passierte, er rannte nicht hin, stand nur da. Wenn eins der Fischerboote einlief, verfolgte er das von der niedrigen Mauer, wenn sich zwei größere Jungen stritten, schob er sie beide ins Wasser und sprang hinterher, nicht immer, er mußte gerade Lust dazu haben. Eher war es ja so, daß die unerheblichen Strandvorkommnisse auf Francesco zu warten schienen. Wenn ein paar Männer miteinander schwätzten und er hinzutrat, hoben sie erfreut ihre Köpfe. Kleine Jungen suchten seine Beachtung, sie warben um einen Blick von ihm, sie strengten sich beim Ballspielen an, wenn sie spürten, daß er sie musterte. Und doch geschah das unauffällig, man mußte eingeweiht sein, um es zu bemerken. Er sprach nie erregt auf jemanden ein, machte kaum Gesten, schläfrig stand und lag er herum, aber nichts, was ihn interessieren konnte – und das, immer kurzfristig, war alles Bewegliche –, entging ihm. Da zuckten die Augen hinterher, und die Hände, wenn es ein Ball war, griffen zu. Auch die jungen Mädchen, die in winzigen Bikiniunterteilen über das Viereck tanzten, waren solche beweglichen Dinge. Gründlich sah er sie nicht an. Mit Lidia waren sie nicht zu vergleichen. Die rührte sich nicht oft vom Fleck, ließ sich allenfalls von ihren drei Männern verschleppen und protestierte mit rauher Stimme. Dann legten selbst die älteren Frauen ihre Zeitungen und ihr Häkelzeug weg und schauten wohlgefällig zu. Einmal stellte sich Francesco hinter sie, als sie den Jungen aus einem Heftchen vorlas. Sie sah ihn nicht, doch im Weitererzählen tastete sie mit der Hand über dem Kopf sofort nach ihm. Später paddelten beide Kinder um sie herum, und es strahlten ihre kräftigen Zähne, die schwarzumrandeten Augen, hell und schräg. Manchmal sprang sie auf und kraulte, nicht länger als fünf Minuten, schnell entschlossen los. Meist schwamm Francesco ihr nach, überholte sie allerdings nie. Ich rückte dichter an sie heran, das kam ganz von selbst.

Es hatte eine Katzengeburt neben Liegestühlen am hellichten Vormittag gegeben und einen älteren Athleten, der jeden Morgen auf einem Felsen, bevor seine Frau erschien, Leibesübungen machte. Wenn er seine Extremitäten zu weit vom Körper schleuderte, schienen sie ihr Geschlecht zu vergessen. Nicht gerade weibisch wurden seine Bewegungen dann, aber doch zweideutig und bildeten zu den Muskeln einen sehenswerten Unterschied.

Einmal ging ich zum Lebensmittelladen hoch und sah über ein paar Biegungen der Serpentinen hinweg Lidia. Mit jedem Schritt näherten wir uns jetzt einander. Sie trug ein schwarzes, kurzes Kleid und hatte wieder das rote Tuch darum geschlungen. Da uns keine Häuser und kaum Büsche die Sicht versperrten, mußte sie mich auf der leeren Straße, ein wenig unterhalb, inzwischen entdeckt haben: eine Passantin, die ihr gleich begegnen würde. So war es bisher noch nie gewesen, diesmal konnte sie nicht umhin, sich zu erinnern, daß sie mich einige Tage vorher beim Lesen indirekt angesprochen hatte. Das letzte gerade Stück des Weges war ziemlich lang, sie befand sich in der günstigeren Position, sie ging bergab und locker und ohne Anstrengung und vor allem gleichgültig, und ich hatte dann das Gefühl, als würde sie stillstehen und nur ich wäre es, die sich ihr Stück um Stück nähern mußte. Ich weiß nicht, ob sie mir entgegensah, denn ich blickte zu Boden, ohne den Kopf zu senken, es war ein zu zäher Abstand, um nach vorn zu schauen, denn etwas anderes als sie hätte ich erst recht nicht ansehen können. Fast auf gleicher Höhe mit ihr, richtete ich mit einem Ruck die Augen auf sie, und Lidia, die vielleicht bis jetzt vor sich hingelächelt hatte, geistesabwesend oder schon in Erwartung des Wassers, das vor ihr lag, verkleinerte sich vor Überraschung für eine Sekunde und war eine Sekunde zu allein und einzeln, schritt dann aber ungerührt weiter aus. Oben ging Francesco mit den beiden Jungen. Sie hielten alle drei Stöckchen in den Händen. Ich konnte mich auf die Kinder konzentrieren, ich atmete schneller, und es machte mir Vergnügen, daß es so gekommen war. Auch ihm wollte ich unvermittelt im letzten Moment in die Augen sehen. Ein Auto drängte uns aber an die entgegengesetzten Straßenseiten. Ich hörte nur einen kurzen Ruf von ihm, wieder in dieser merkwürdigen Mischung, etwas Dringliches, das erkannte ich am Tonfall, doch zugleich wurde seine Stimme von einem tieferen Behagen wie von zuverlässigen Gewichten nach unten gebogen. Diesmal drehte ich mich um. Die drei trugen nur ihre Badehosen und pendelten auf der freien Straße wie am Strand. Francesco stemmte sie beide mit einer Hand von sich, wenn sie ihn anzugreifen versuchten. Die Kleinen waren voll beschäftigt, und er kratzte sich währenddessen mit dem Stöckchen am Kopf.

Eine Eidechse im Dauerliegestütz hatte mich beäugt, das brachte sie auch mühelos einarmig fertig und war deutlich darauf aus, noch zutraulicher zu werden. Eine Ameise überquerte unbeachtet ihren Rücken.

Am nächsten Tag wartete ich lange vergeblich auf sie und ging endlich weg, es gefiel mir nicht ohne sie, es war mir zu heiß und zu voll, alles störte mich. Erst als die Sonne schon tief über dem Wasser stand, stieg ich noch einmal hinunter, und sie waren so selbstverständlich vorhanden, als hätten sie nicht den ganzen Tag gefehlt. Jetzt begriff ich auch, daß die Leute auf dem Betonviereck zwischen Meer und der kleinen Bar gar nicht Fremde, Neuankömmlinge waren. Es breitete sich wieder das Familiäre aus, ich fühlte mich wohl und setzte mich so dicht an sie heran wie noch nie. Es trennte uns nur noch die Vertiefung in der Mitte der Platte, wo das Flüßchen aus den Bergen abgeleitet wurde. Manchmal tranken Hunde daraus, aber heute war es ausgetrocknet. Zwei Mädchen tickten sich in weiten Bögen darüber weg einen Ball zu, dann nahmen Jungen ihre Stelle ein. Der größere wechselte gegen einen Mann seinen Platz, und so ging es weiter, auch Francesco machte eine Weile mit. Mir war schon vorher klar, wie er spielen würde: Er strengte sich nicht an, bewegte sich so wenig wie möglich, bückte sich, wenn nötig, blitzschnell und hörte auf, bevor er zu schwitzen anfing. Ich versuchte, mir die beiden in ihrer Wohnung in Pisa vorzustellen, aber daran hinderte mich bald etwas. Ich sah sie auch dort in ihrem Badezeug herumgehen, einander ansehend und sich zum Spaß trennend, ich sah die braune Haut der beiden, und ohne Kummer, ohne Beruf, aber auch ohne Alltäglichkeiten, doch ganz lebendig standen sie in geräumigen Zimmern. Anderes konnte ich mir nicht ausmalen, und so ließ ich sie hier. Es war egal, wo sie sich aufhielten, sie benötigten diesen Urlaub nicht, sie hatten sich aus Gewohnheit hierher begeben, an einen angenehmen Ort von einem anderen, nicht weniger angenehmen Ort weg, an den sie in guter Laune langsam zurückkehren würden. Ich meinte langsam, weil ich an das verzögerte Kämmen und Ein- und Auspacken Lidias dachte, die mit solchen Tätigkeiten nicht rasch zuendekommen wollte, weil immer eine dieser Handlungen ebenso erfreulich wie die andere war. Es fiel ihnen in den Schoß, es war vollkommen und verblüffte sie nicht. Wie immer in der allabendlichen Unruhe, die durch die zuerst Aufbrechenden entstand, welche dann aber noch lange in verschiedenen Gruppen Gespräche führten, dann wieder nach einem Handtuch, einem Kind oder Hund zu suchen begannen, setzte ein hektisches Springen vom Rand des Betonsockels ein, das sich zu miteinander konkurrierenden Albernheiten steigerte. Das galt natürlich für die jüngeren Leute, aber auch die Familienväter ließen sich wenigstens zu übertriebenen Schreien und exaltierten Kopfsprüngen hinreißen. Heute verstärkte die aufkommende Brandung, die Kühle nach dem heißen Tag die Aufregung. Schließlich stießen sie sich gegenseitig ins Wasser. Die Frauen, die bereits Angezogenen sahen applaudierend zu. Da schleppten sie plötzlich einen jungen Mann, der lesend auf einem Pfosten gesessen hatte, zu viert an die Kante und warfen den Kreischenden ins Meer. Nun brach eine wirkliche Raserei aus, sie drängten einen Jungen mit Schuhen und Handtuch und Brille und einen im bodenlangen Bademantel in die Wellen, sie holten auch die jungen Frauen, und wenn die zur Ablenkung noch so beschäftigt taten. Endlich versuchten sie eine Ältere mit ihrem Strickzeug und dem Liegestuhl ins Wasser zu kippen. Sie schimpfte mit großer Entschlossenheit, und dieses eine Mal gaben sie nach. Ein etwa Fünfzigjähriger stieg mit völlig durchsichtiger Unterhose aus der Tiefe, und gerade die alten Frauen amüsierten sich unverhohlen. Lidia stand in ihrem weißen Kleid ohne Schärpe dabei. Sie trug einen mächtigen Fotoapparat bei sich und knipste alles. Sie ging bis knapp an die Kante. Sie war ohne jeden Zweifel sicher. Sie lachte. Niemand wäre auf die Idee gekommen, sie anzurühren. Ein einziges Mal wollte ein Halbwüchsiger Francesco von hinten über den Rand stoßen, er schob ihn nur seinerseits mit einem leichten Kopfschütteln vor Verdutztheit ins Wasser, stürzte sich aber hinterher.

Am folgenden Vormittag sah ich Lidia wie zu Anfang. Sie lag allein zwischen Freundinnen und rollte sich in Etappen auf die rechte Hüfte, auf den Rücken, auf die linke Hüfte, auf den Bauch. Sie las in einer Illustrierten, schloß die Augen, redete ein bißchen. Sie war die einzig überaus Schöne. Einmal, als ich aus dem Wasser kletterte – dazu packte man einen rostigen Eisenring und zog sich daran hoch, während man auf zwei dicke runde Steine trat –, saß sie mit Francesco direkt vor mir. Ich mußte aufpassen, daß ich sie nicht bespritzte, so nah waren sie in diesem Augenblick. Sie rückten ein bißchen auseinander, das war ein Entgegenkommen. Mir blieb nichts übrig, als zwischen ihnen durchzugehen, ohne Umschweife. Ich roch ihr Sonnenöl, und wenn es nicht so schnell abgelaufen wäre, hätte etwas gesagt werden müssen, es lag für diese kurze Zeitspanne in der Luft, eine flüchtige, dann schon wieder vergangene Intensität. Als es passierte, hatte es mich erschreckt, aber gleich danach zufriedengemacht, und ich setzte mich an die erhöhte Stelle über den Badenden. Ich beobachtete Lidia und Francesco, der kam, seine Finger in ihre Haare steckte, eine Zigarette abholte oder nichts und fortging zu den kleinen Sehenswürdigkeiten am Strand. Ich sah ihre hübschen Kinder, die nicht hinfallen würden, um sich die Knie aufzuschrammen. Einmal stolperte der Kleinere. Lidia fixierte ihn, und schon stand er, und kein Wort wurde darüber verloren. Ich hatte immer mindestens einen von den vieren im Blick und so sie insgesamt im Kopf und erhob mich dann, um mit dem Packen für die Abreise am nächsten Morgen zu beginnen, und vergaß sie sofort für lange Zeit.

Der Störenfried

Ja sicher nahm er sich die Freiheit, während er die naiv gezogenen Wege abging und mit Vergnügen die vorgeschriebenen, sinnlosen Haken schlug, eine Lakritzschnecke nach der anderen zu futtern, bis er die ganze Tüte leergefressen hatte! Er ging geradeaus und bog plötzlich, sich selbst überraschend, willkürlich ab, er sah sich zu, einer kleinen Menschärgeredichnichtfigur, bei etwas außer Rand und Band geratenen, aber immer geometrischen Zügen, die er selbst verantwortete. Dazu also und zurecht: eine Schnecke nach der anderen. Er biß sie in seinem Mund zugrunde, in großer Vertilgungswut, die reine Freude war. Jetzt sirrte das alte Buchenlaub nicht bösartig in den Hecken. Mit dem kalten Februarwind war es für lange Zeit aus. Hier staute sich die Witterung zu jeder Jahreszeit. Nun also war der Frühling dran, und hier eben sofort ein hundertprozentiger Frühling. Die Anordnung der Bäume und Büsche erzeugte oft um die Gräber herum den Eindruck von Spezialkabinetten mit jeweils eigenem Zimmergeruch, und er, K. R. Schnurrer, konnte überall eintreten, ohne anzuklopfen.

Schließlich war er hier annähernd zu Hause. Er hatte Gewohnheitsrechte, besuchte zwar niemanden, aber stellte sich gern sein eigenes Grab vor mit dem Namen »K. R. Rotzekocher«. Ja sicher, das würde ihm gefallen, genau der richtige Name für den Stein.

Zu den Steinen und Namen dachte er sich mit Vorliebe passende Berufe aus. Die Toten mochten neuerdings vielleicht besonders gern Systemanalytiker, Netzadministrator sein. Auch bei dieser Berufsgruppe gab es ja längst Verschiedene, und er nickte ihnen von oben in die Tiefe

hinab freundlich zu: Netzadministrator! Da lag der Herr und wurde von oben vom Menschärgeredichmännchen respektvoll gegrüßt. Der da unten war eben schon ›Himmelen gegangen‹. Mochte für ihn das Beste sein.
Es machte ihm auch Spaß, nach den Daten unter den Namen die Verwandtschaftsbeziehungen der Begrabenen zu erraten. Ließ sich das aus den Zahlen nicht eindeutig ermitteln, reagierte er kurzfristig verdrossen, als hätte er vor einem Rätsel versagt, einem unsauber formulierten allerdings.
Die Grabschächte! Gern begriff er sie als endlos in die Tiefe verlaufende, wie die Gänge in den nebligen Monaten es in der Horizontalen taten. Dann konnte man sich nämlich auch umgekehrt ausmalen, man stiege, in der Waagerechten ausschreitend, in die Tiefe hinab. Es blieb ja alles folgenlos, war ja nicht gefährlich, auch seine kleine Nichte sprach mit Genugtuung vom Helden eines eben gelesenen Buches, der alles verloren hatte, Arme und Beine, Augenlicht, Gehör, den halben Kopf offenbar, und immer noch lebte, total kaputt der junge Mann, aber tapfer. So hatte sie es berichtet, durch so viel Tugend und radikale Reduzierung entflammt. Von ihr wußte er sicher, daß sie unter den Lebenden weilte, von anderen Bekannten oder sogar Blutsverwandten konnte er das auf Anhieb nicht genau sagen. Wenn er sie nie traf, was machte es dann überhaupt für einen Unterschied?
Er riß mit den Zähnen an einer Lakritzschnecke. Aber nun zum ersten Mal dieser Läufer im Turnanzug, locker an den verwilderten und den frischen, hoch mit Blumen beschichteten Gräbern vorbeitänzelnd. Artistische Technik geradezu. Ein 1a Boden hier, Waldverhältnisse. Dieser Mann war von der ersten Sekunde an sein Feind. Er rannte unbeirrbar, sah nicht nach rechts und links, ganz

hingegeben dem unbändigen Laufvergnügen auf idealer Unterlage. Ribbelte den ganzen Friedhof auf mit seinem nichtswürdigen Sport und scherte sich an nichts. Schnurrer schlich ihm nach. Er kannte sich ja gut aus und konnte es taktisch so einrichten, daß er ihn, obschon er sich viel langsamer bewegte, im Auge behielt.

Das ging zu weit! Hierher durften sich diese Pragmatiker einfach nicht vorwagen. Er, Schnurrer, verlor die Lust an seinem Friedhof. Damit hätte er nie gerechnet. Dieser Rasende! Zerstörer! Ein maschinengleich rasender oder pendelnder, voranfedernder Zerstörer, der alles in Schutt und Asche legte, während er ungestraft seine Technik zwischen den Grabhügeln vervollkommnete.

Warum ziehe ich denn hier herum, fragte sich Schnurrer, als Menschärgeredichmännchen, und esse ausgerechnet hier so lüstern und fanatisch rabenschwarzes Lakritz? Es ist in Wahrheit Trotz, ja, gut, jetzt ist es leider gesagt, aber natürlich nicht gegen diesen Wahnsinnigen, der seine Beine nicht stillhalten kann. Ebensogut könnte ich mir was Schönes aus dem Weltall ansehen, zum Beispiel die Wasserstoffgaswolke im Sternbild Orion, hundertfünfzig Billionen Kilometer groß. Man mußte gegen den Tod aufzutrumpfen wissen. Die Gaswolke und ihr Glühen halfen manchmal. Manchmal war dies hier besser. Mitten auf dem Friedhof ging er dann großartig gelaunt und gefeit herum, streichelte auch die schönen Marmorengel-Busen, die weniger kalten als man glaubte.

Von Augenblick zu Augenblick die Gegenwart genießen? Schön und gut. Sollte er etwa seine Frau, der er immerhin noch deutlich zugetan war, jahrzehntelang sekundenweise lieben, und was war, bei Befolgung dieses Rezepts, mit einem gewissen Garteneingang, der seinerseits in unentwegter Treue auf ihn wartete?

Der Störenfried trug Schuld daran, daß er sich diese Unerquicklichkeit klarmachen mußte. Aus war das heimliche Kinderspiel. Nun stand der klobige Grund für seine Praktiken, völlig unnötigerweise, vor ihm.
Seine Nichte hatte ihm erzählt, in der Kirche hätten die Kinder jetzt oft die Hostie und ein Kaugummi gleichzeitig im Mund. Wenig später, wenn es mit den Hostien vorbei war, wurden diese Kinder, das stand ab heute fest, Läufer, die auf Friedhöfen ihre Muskeln stählten. Das ließ sich nicht aufhalten. Aber konnte man sie, eine letzte Gegenwehr, vielleicht überlisten?
Da zog der Verrückte wieder seine Bahn, jetzt mit kleinen, steilen Übungs- oder Übermutssprüngen zwischendurch, unaufhaltsam und in Begeisterung über das entdeckte Terrain immer noch eine zusätzliche Streckenvariation auskundschaftend.
Da hatte er's: Erbitterung über den Turner oder Tod: Das war völlig egal, nämlich ein und dasselbe! Schnurrer würde sich in Zukunft den Tod als diesen schreiend gekleideten Läufer vorstellen. ›Jan Klapperbeen‹? Das hatte ihn noch nie überzeugt. Aber dieser nicht müde zu Kriegende, sein Ziel sorgenfrei Verfolgende, ohne Blick für die hingehauchten Biografien, die ihn rechts und links flankierten, der schaffte es. So würde er, Schnurrer, Rotzekocher, von nun an den Tod leibhaftig sein Wesen treiben sehen, als unersättlichen Jogger im optimistischen Kampfanzug, ob das Laub kam oder ging.
Nun riskierte er selbst einen Luftsprung als überaus fröhliche Parodie: War das nichts? Mit einem Trick hatte er seinen Feind besiegt und in seine Gewalt gebracht, nicht direkt und vollständig den Tod, aber den gespenstisch sich abmühenden Jüngling gewiß. Der war erledigt, erlegt und tot.

Böser Knopf

Für Bettina Clausen

Womit schlug sie sich denn da wieder herum, was war das überhaupt, was hatte sie sich bloß jetzt wieder in den Kopf gesetzt, welche nichtswürdige Destruktion? Man sah doch gleich, daß es nicht gut ausgehen konnte! »Kostet keinen Pfennig!« rief sie. »Geschenkt. Einfach so, das Täschchen und der Inhalt, alles umsonst!« Warum sie es denn dann sofort zu Schrott mache, eben deshalb, weil es gratis sei? fragte Schnurrer zurück und stand schon neben ihr. Sie roch etwas neu, mußte sich mit einer ungewohnten Creme oder mit Parfüm behandelt haben. »Es sind Pröbchen«, sagte sie, »Kosmetik, aber das Besondere ist das Täschchen, sehr praktisch für den Strand.« Sie hielt ihm eine schulheftgroße Plastiktasche hin, durchsichtig. Zwei Frauen sahen ihn von innen an, lachten ihn an, rosa eingefaßt das Ganze. Er wollte die beiden Frauen auf dem Titelblatt des ›Probenjournals‹ herausholen, aber sie ließ es nicht zu, bemühte sich vielmehr mit zügig wachsender Ungeduld, die Tasche zu schließen, was eigentlich, der Konstruktion nach, mit einem einzigen Knopfdruck der überstehenden Lasche auf den rosa Zapfen des Taschenvorderteils zu geschehen hatte, ihr aber, seiner Frau, in ihrem euphorischen Eifer natürlich nicht gelang.

Dabei war es ein Kinderspiel, ein energischer Druck würde genügen, doch aus unerfindlichen Gründen mußte sie es wieder einmal kompliziert haben, durch Zerren und sinnloses Rütteln an der Lasche. »Es geht nicht«, rief sie schließlich zornig. Er hatte es kommen sehen und darauf gewartet. »Funktioniert nicht. Kann man gleich wegschmeißen!« Sie schlug mit der Faust, der nicht sonderlich gewichtigen, auf die Stelle, wo der Knopf wie eine rosa Heftzwecke saß und auf das zugehörige Unterteil nicht reagierte. Ein unerträglicher, dämlicher Anblick. Als nächstes würde sie den Hammer nehmen und dann, da auch dieser gewalttätige Versuch scheitern mußte, sich nicht mehr um die Sache kümmern, schlicht und primitiv das Interesse daran verlieren, das Probenjournal aus seiner Verpackung holen und den Rest für immer vergessen. Sie protestierte sofort: »Du wirst es kaputtkriegen.« Unsinn! Schnurrer sah nun zwar ein, daß es sich wirklich um ein Problem handelte, wenn man nicht ausreichend Kraft besaß: Man mußte die Lasche tatsächlich dehnend über das den Rand überragende Heft ziehen. Aber wenn der innen hohle Knopf und der ebenfalls innen hohle Zapfen ein einziges Mal ineinandergepaßt hätten, könnte bestimmt auch sie es lernen, da sie ja offenbar Spaß oder Gefallen an dem blöden Ding fand. Die rosa Decke des Knöpfchens löste sich in diesem Moment, riß schalkhaft aus, fiel zu Boden. Dadurch verlor auch die untere Hälfte, direkt unter der Oberfläche, den Halt und rutschte auf den Tisch. Nur der Zapfen saß unbeweglich. Schnurrer ließ sich auf die Knie nieder. Er begann, auf allen vieren unter dem Küchentisch umherzugehen, um das Deckelchen zu suchen. Das war nicht leicht, es hob sich von den hellen Bastfliesen bestimmt fast gar nicht ab. »Hör doch auf, ich kann das Täschchen auch so benutzen«, kam es von oben. Nichts da! Was er anfing, führte er auch anständig zu Ende. Sie sah wahrscheinlich längst abgelenkt aus dem Fenster.

Es gefiel ihm ganz gut zwischen den vier Tischbeinen. »Meine Eremitage, meine Einsiedlerey!« sagte er sich in seiner stillen, viereckigen Einsamkeit unter dem Küchentisch. Da rief sie zu ihm herunter: »Was ist denn das da unten für eine Ralley!« Sie war eben doch dem Satan aus dem Tornister gesprungen. Aber sie sollte ihn nicht beirren. Nur: Was stellte sie eigentlich da oben an? Er wandte horchend den Kopf hoch. Da sah er ihr Gesicht umgekehrt. Sie hatte sich quer über den Tisch gelegt und beobachtete ihn. Wenn er ihre umgedrehten Mundwinkel richtig deutete, strahlte sie ihn an: »Conrad Faber von Creuznach, hör doch mit dem doofen Gesuche auf!« Conrad Faber von Creuznach? War er das? Schnurrer zählte nach, nein, nicht ausreichend oft kam das ›r‹ vor, nur dreimal, das reichte ihm nicht. So lockte sie ihn nicht aus dem Untergrund, wo sich das Knöpfchen noch immer in die Furchen der Fliesen duckte. Er tastete mit den flachen Händen. Sie lachte auf dem Tisch, ja schien sich dort sogar zu rollen über Rücken, Bauch, Hüften. »Frau Braunbehrens hat angerufen. Wenn du da unten aufhörst, erzähle ich dir, was sie von dir will!« Das sollte ihr so passen. Neben seinem Kopf ging ein Schuh zu Boden. »Meine Autobiografie werde ich übrigens so nennen: ›Augenstern und Freiwild‹. Korrekturen werden nur noch in den nächsten zehn Sekunden angenommen. ›Brotkehlchen von A bis Z‹ oder ›Löwenmäuschens Geburt und Tod‹, das kauft doch keiner.« Warum gönnte sie ihm bloß nicht die Knopfsuche? Glaubte sie, der würde vom Himmel fallen? Viele Chancen hatte der ja nicht mehr, das gesamte Terrain war beinahe systematisch abgegrast.

»Pfropfbastard, Knopfbastard, Chimäre!«: Eine neue Beschimpfung, die hatte sie sich im Botanischen Garten für alle Fälle gemerkt. Sie klopfte auf die Tischplatte und riß an seinen Haaren. Nein, sie sah keineswegs aus dem

Fenster. Sie verfolgte mit geröteten Wangen nacheinander, von allen vier Tischkanten aus, mit herabhängendem Kopf seine Expedition. Aber was wußte sie augenblicklich wirklich von ihm?

Während er Ausschau hielt nach dem rosa Plättchen, geschah ein merkwürdiges Kippen, als kröche er nicht auf den Bastfliesen herum, sondern befände sich horizontal im Stuhl seiner Zahnärztin. Wenn sie ihn in diese Lage senkte, sah er jedesmal über sich, an der Decke des Behandlungsraumes, eine große Landkarte, die Welt zwischen England und dem Schwarzen Meer, Nordafrika und Grönland, das unter realistischen Eisschollen und niedrigen Wolken verschwand, die Meere blau, die Erdkugel zu den Polen hin phantastisch und schwindelerregend gekrümmt, als würde er nicht unter den Händen der Ärztin liegen, vielmehr, im Gegenteil, schweben, leichthin gleiten über die Erde und alle Ereignisse, die Gebirge und Gewässer in wunderbarer Klarheit und Übersichtlichkeit, mit Nordlichtern in der Ferne. Was sollten die Schleier hoch im Norden sonst sein? In der Mitte aber, und das war das Gelungenste, im Zentrum steckte eine Heftzwecke, damit sich die Karte nicht nach unten bog. Und was durchbohrte die Heftzwecke genau an diesem Punkt, Mittelpunkt? Die Stadt Berlin! Besonders die Heftzwecke über seinem Geburtsort Berlin, Berlin an seinem Platz befestigend, sah er beim Verarzten seiner Zähne so gern an und wie eine fixe Idee, die gar keine Schmerzen aufkommen ließ. So hatte man es für die Patienten ja auch geplant.

War es die Beflügelung durch diese Vision, die ihn jetzt veranlaßte aufzuspringen – allerdings schmerzten seine Knie von dem Gerutsche bereits –, die Taschenlampe zu holen – mit einem Seitenblick bemerkte er, daß seine

Frau, auf dem Bauch liegend, sich auf dem Tisch nach allen Seiten ausgebreitet hatte, nun aber, als er die Lampe hielt, rasch in die Rückenlage schnellte, wobei sie die Tischdecke, ein Anblick wollüstiger Verwüstung, halb abriß – und wieder den Boden abzuleuchten, unbeeindruckt von den Schnalz- und Locklauten aus der Höhe? Und bitte: Gefunden, erwischt! Kein Sträuben half, her damit! Mit dem eingefangenen Knöpfchen kam er hoch. Die Schlacht war halb gewonnen.

Er wollte sich, in der Oberwelt angelangt, erst ein bißchen beruhigen, betrachten, für was er sich da unten geschunden hatte, und holte, ohne um Erlaubnis zu fragen, während seine Frau von einer Tischecke die Beine baumeln ließ, das Heft aus der Tasche, schlug es auf und blätterte. Der Knopf war ihm schließlich sicher, der konnte warten! Jedesmal sahen ihn zwei lachende, zwinkernde, vielversprechende Frauen an, manchmal schienen es dieselben zu sein mit anderen Frisuren, aber nicht immer, die Augenfarbe wechselte. Auf die Seiten gegenüber den Köpfen waren Briefchen offenbar flüssigen Inhalts geklebt. Er drückte mit dem Daumen auf den flachen Kissen herum, hatte aber keine Lust zu lesen, um was es sich handelte. Jedenfalls konnte man wohl mindestens zehn Dinge in so einem lachenden Frauengesicht zu verschiedenen Tageszeiten pflegen und vor Gefahren schützen und erretten. Seine Frau sagte nichts. Schnurrer schob das Heft in die Tasche und setzte den Knopf in das Laschenloch ein. Ein beruhigendes, ein nahezu restlos wohltuendes Bild.

Schließen allerdings konnte man die Tasche nicht. Plötzlich und für immer reichte es ihm. »Unmöglich!« konstatierte er, »Fehlkonstruktion, Schlamperei!«

Sie nahm die Tasche, die von ihm verächtlich auf den

Tisch in den Raum zwischen ihnen gelegte, und brachte den Inhalt unversehens auf überraschende Weise unter, nämlich mit Hilfe der bisher ungenutzten Tiefe der doppelten Bodenfalte. Sogleich zeigte sich, daß jetzt das Heftchen mit der rosa Tascheneinfassung abschloß und die Lasche bequem darüberzuklappen war. Die Schwierigkeit, mit dem Knopf den Zapfen zu erreichen, war damit behoben. Allerdings fiel der Knopf wieder, auf die leichteste Inanspruchnahme hin, aus dem Laschenloch und in zwei Hälften.
Es war ihr augenscheinlich aber gleichgültig, sie schwieg. Da endlich entdeckte er, daß an ihrer Bluse ein Knopf, der sonst in dieser Höhe oder Tiefe geschlossen blieb, aus dem Knopfloch gerutscht war, zufällig oder nicht. Von ihren Brüsten wurde dadurch nicht viel sichtbar, nicht einmal von der Unterwäsche, aber es verriet sich damit eine . . . zusammen mit dem wirren Haar . . . Ausschweifungslust vielleicht . . . Sie bemerkte seinen Blick, funkelte ihn kurz sehr zornig an und knöpfte die Bluse, nach dem unten liegenden Schuh angelnd, zu. Zu spät, K. R. Schnurrer, zu spät!
Sie nahm das Knöpfchen, nahm das rosa Heftzweckenkäppchen und warf es in den Abfalleimer, warf es auf Nimmerwiedersehen zu Apfelsinenschalen, Zigarettenkippen und Katzenfutterdosen.

La peste

Karl Rüdiger Schnurrer! Mit einiger Anstrengung gelang es ihm tatsächlich, den Namen schadenfroh zu denken. Eins, zwei, drei, vier, fünf, sechs. Eben hatte er einen Espresso verlangt und sich gleich, als der Barmann die Bestellung wiederholte, ausdrücklich korrigiert gefühlt, aber nicht, als würde ihm freundlich eine Nachhilfe erteilt, sondern so, wie ein Buckliger von der Anwesenheit eines Geradegewachsenen zurechtgewiesen wird. Sollten die Italiener doch mal versuchen, seinen Namen richtig auszusprechen! Da wäre es endlich an ihm, beim garantiert sechsfach mißglückenden »r« die Bande herzhaft auszulachen.

Was für ein unauffällig freundliches Bild dagegen dort drüben! Ein provinzielles und zugleich internationales Bild, und vor allem eins ohne Wörter. Sehr dicht gedrängt standen, in quadratischer Formation, das lockte Karl an, viele Tauben beisammen und pickten auf, was zwei Passanten ihnen gewiß überreichlich hinwarfen.

Im Näherkommen entdeckte er allerdings, daß die Versammlung der Vögel keine friedliche, sondern eine vielleicht sogar katastrophale war. Sie hatten sich durch irgendein Ungeschick in einem Hindernis verfangen, aus dem sie sich selbst nicht befreien konnten. Schon war er, beunruhigt und bereit zu helfen, bei den Tieren angelangt, als er feststellte, daß das Netz, in dem sie zuckten und flatterten, an allen vier Ecken mit Steinen beschwert war und sie also eng auf den Boden preßte. Nun gab es keinen Zweifel: Man hatte ihnen eine Falle gestellt.

Die beiden auf dem Bürgersteig hockenden Männer waren offensichtlich die Fänger. Einer hielt einen Käfig,

der andere war mit einer groben Schere an den Tieren beschäftigt, die sich schon sehr im Garn verwickelt hatten. Zuerst meinte Karl, daß sie von den Tauben diejenigen Teile abschnitten, die sich nicht leicht lösen ließen, dann begriff er, daß der Mann das Netz zerstörte und den herausgetrennten Vogel seinem Kumpan übergab, der ihn in den vergitterten Behälter zu den anderen packte.
Er bewegte sich nicht von der Stelle, so erstaunte und erschreckte ihn der Anblick. War das eine Beute, schamlos im hellen Tageslicht eingebracht, die abends unter anderer Bezeichnung in Restaurants ausländischen Dummköpfen wie ihm serviert wurde? Er wollte sich nicht wegrühren. Er stand dort stumm protestierend und hochaufgerichtet. Eine Säule des schweigenden Vorwurfs wollte er wenigstens unverzüglich darstellen. Wie immer empfand er sich im Ausland als ein bißchen einfältig, was ihm grundsätzlich, auch wenn er sich dann manchmal schämen mußte, durchaus nicht mißfiel.
Während er aber nach einem sachlich klingenden Fragesatz suchte und auch schon wieder die Scheu in sich spürte, das verdammte »r« auszusprechen, waren andere, Einheimische, stehengeblieben, verdutzt oder interessiert, erst nach einer Weile Auskunft fordernd. Sogleich kamen auch die wieder zurück, die erstmal weitergegangen waren, als müßten sie sich nicht um die paar Tauben kümmern, von denen sich Scharen in der Stadt herumtrieben, und hörten die Erklärung mit an. »Crudele«, sagte Karl versuchsweise, nicht als Urteil, sondern als Vorschlag – würde der Ausdruck passend sein? – zu einem nicht abweisend wirkenden Mann, der ein Kind an der Hand hatte und halbwegs empört die taumelnden Tiere ansah. Die Tiere seien krank, wurde ihm mitgeteilt, wobei der Mann, der mit fester Stimme sprach, zugleich

ihn, Karl, mit dunklen Augen genau musterte und prüfte, ob er diese Information wohl glauben mochte. Dies sei eine Art Seuchenpolizei, die kranke Vögel einsammle, untersuche und dann behandle, schließlich sogar wieder freilassen wolle. Hier mußte Karl um ein Haar kichern. Der Mann hatte das Wort »peste« gebraucht, und nun sah Karl, daß sich dieses Wort auf den Hemden der beiden Männer und auf einem hinter ihnen geparkten Auto befand. Auch trugen die Männer Handschuhe, und als jemand einen Vogel berührte, wiesen sie ihn sofort theatralisch auf die Ansteckungsgefahr hin. Aber wie hatte man es geschafft, so gefährlich kranke Tiere so gezielt zu fangen? fragte sich Karl und wich noch immer nicht. Als einziger wich er nicht, dachte auch, daß nun alles seine Richtigkeit haben und wie mühsam das Herausschneiden der Tiere und wie lästig das Mißtrauen der Passanten sein mochte.

Wenn niemand stehenblieb, ruhten die beiden sofort aus. Karl, die Säule des Vorwurfs von eben, zählte nicht. Er konnte beobachten, daß die Tauben, schon wie tote Federbälle, im Käfig verstaut wurden, ein Kasten, den man als schmal und hoch, aber eigentlich, wäre er nur mitfühlender benutzt worden, als flach und breit bezeichnen mußte. Dem Mann war es zu aufwendig, die Tiere nebeneinander in den Käfig zu schieben. Er hätte sich tiefer bücken müssen. So stellte er ihn hochkant, und ein Vogelkörper fiel auf den anderen. Auf die ersten, ganz unten, drückte das Gewicht von allen später Dazugekommenen.

Die Leute, die Vorübergehenden, die sich auskennen würden in dieser Stadt, schienen aber doch durch die Auskunft beruhigt und entfernten sich, wenn auch vielleicht peinlich berührt von dem häßlichen Schauspiel an

einem so schönen Morgen, mit einem Argument, das sie entlastete. Also verließ auch Karl die Tauben, sagte nur leise, sich selbst kontrollierend, das Wort »crudele«. Gerade jetzt war das »r« besonders sperrig und sträubte sich, von seiner Zungenspitze gerollt zu werden.
Er trat ans Meer und atmete tief auf. Hier waren nun wirklich weder Sätze noch Wörter nötig. Das Meer lag glatt bis zum Schluß. Wie er das liebte! Wie früher betrachtete er die ungeheure Wasserfläche mit einem innerlichen Aha! und Jawohl! So, ja so verhielt es sich allerletztenendes mit der Welt, ohne Zutat der Menschen. Hier wurde einem nichts vorgemacht.
Oben auf den Simsen der Hafengebäude saßen Möwen und Tauben. Wieder und wieder schwangen sie sich, wie zur Bestätigung, in die freie Luft. Dieser Anblick von eben: Alles in allem mußte man das Geschehen positiv bewerten, als notwendigen, nützlichen, tier- und menschenfreundlichen Schritt.
Aber das Bild, sagte er sich, als er wieder einen Espresso bestellte – diesmal jedoch die Bezeichnung »caffè« wählte, ein Gerader unter Geradegeratenen –, seine Unfähigkeit, mit dem barista, auch hier wieder ein »r«!, ein Gespräch darüber anzufangen, verfluchend: das Bild! Noch nie hatte er so etwas gesehen. Nun war es in die Welt gesetzt, und er wußte, daß er nicht vergessen würde, wie die Tiere kämpften, sicher noch immer weiter kämpften mit zitternden Flügeln in einem beginnenden Sterben oder schon, platt auf den Boden gedrückt, auf die Seite gefallen, sich mit halboffenen Augen in ihr Schicksal ergaben, als würden sie, da sie nicht mehr fliegen konnten, auch ersticken müssen. Dabei kreisten und kurvten über ihnen die anderen, zu denen sie eben noch gehört hatten, im geräumigen Himmel. Diesen Männern war

etwas gelungen, unberücksichtigt, was aus den Vögeln werden mochte: die detailgenaue Illustration eines sonst stets elegant verkürzten und hier auch gar nicht zur Sprache gekommenen Sachverhalts. So wollte Karl es einmal für sich nennen in seinem erzwungenen Schweigen. Oder handelte es sich um eine im stillen zu verheerender Eigenmächtigkeit anschwellende, den beiden ahnungslosen Männern längst aus der Hand gewachsene Figur und Figuration?

Der Wind

Ein Räuspern, Sirren, Raspeln und Schürfen. Was geschah eigentlich? Ein Feilen, Sägen. Was passierte und widerfuhr ihm und hatte doch sacht angefangen oder plötzlich, war ihm erst plötzlich, schon voll im Gange, aufgefallen und interessierte ihn, daß er sich den Kopf hielt, auch streichelte und kratzte, ohne daß irgendetwas aufhörte dadurch?

Man konnte sich ein Stück mitschleifen und dann absetzen lassen, man konnte aufspringen und sich einbilden, von allein nicht mehr hinunterzukönnen, wenn das wüste Schleudern, erbarmungslos, im Kreis, begonnen hatte, und zugleich eine Mutprobe erwägen: Absprung bei voller Fahrt?

Ein Nagen spürte Schnurrer, ein Schaben vieler kleiner Mäuler mit zierlichen Zahnreihen, ein Sägen an der Welt, an den Schläfen, an den Gegenständen, ein spielerisches Äsen und mutwilliges Zerkrümeln. Mit einem riesigen Kamm wurde immer gegen den Strich gekämmt. Ja, der Erde oder ihm, das gehörte zusammen, wurde der Schädel gekämmt, bis nichts übrig war, nur die Striemen auf der Kopfhaut und alles eingeschläfert.

Es löste sich auf. Ein zuhackender Vogelschrei versuchte es noch einmal zu leugnen. Aber es half nichts. Nicht er, der Vogel war es, der die Welt zertrümmerte, die feste, felsige Welt, sondern das ironische, ja ironische, lächelnde Wehen und Raunen, auch in großer Eile sausend dazwischen, ein fiebriger Wettlauf von hier nach da, aber dann träge, schwappend, alles im voraus und bis zu Ende wissend, das fahrig Neue schnell alt und beständig machend, einwiegend, immer dies gemein-

sam: das Feurige und das gemächlich, siegesgewiß Begütigende.
Ein Reiben also und immens freundliches Wegradieren der Welt oder zumindest der Umgebung oder wenigstens Schnurrers selbst, und das zählte ja nur. Er spürte es in den Zähnen, auf der Zunge, vielleicht im Bauchnabel, aber mit Sicherheit unter den Fußsohlen.
War etwa dieses andere Gefühl, nämlich das Rieseln würde nicht mehr wieder abflauen, sondern sich in Schüben entfernen, das einzig richtige, von ihm erwartete, und damit verbunden die Empfindung eines Versäumnisses: Wieder zu spät, nicht aufgesprungen, hoffentlich noch ein weiterer Versuch mit mir, eine letzte Chance, da mitzumachen, für die Ewigkeit womöglich?
Dann wie auf Befehl alles angehalten. Die Mühe: umsonst. Die Welt war wieder da. Dann prasselte es mit frischer Kraft zum soundsovielten Male drauflos, ein streunender, trockener, knochentrockener Regen, ein kräftiger Regen schien herabzurauschen, wurde aber zwei bis drei Meter über Schnurrers Kopf gestoppt, in nichts, in alle vier Winde verstreut. Die Frage, wo er denn bliebe, wurde nicht gestellt.
Eine unsichtbare Schafherde zog fressend vorüber, wilde Ovationen rissen Schnurrer mit sich, die jederzeit aufhören konnten, aber dann gälte dieses Anhalten der ganzen Erde, das Beifallsdröhnen und die Totenstille, es lief um die runde Erde herum, das eine und das andere, Schnurrer mittendrin.
Wurde nicht in Wirklichkeit ein heulender Sturm durch ein Sieb gepreßt, das heißt, er, Schnurrer, wurde benutzt, durch ein ihn zerlegendes Instrument gejagt?
Ach nein! Es war doch nur das Produkt einer Gemeinschaftsarbeit von Laub plus Wind. Überhaupt nichts

Ungewöhnliches. Aber dann schien es manchmal nur und einzig vom Willen der großen Bäume abzuhängen, die sich verabredet hatten untereinander. Es kam aus ihnen von innen heraus, sie brauchten keine fremde Energie dazu. Sie machten, was sie wollten, und was sie machten, zog am Horizont entlang, es zerriß und zerflüsterte die Welt, die Welt, sagte sich Schnurrer zum Spaß und wußte es besser. In sachtem Rieseln zerfällt sie zu Körnern, zu einem Granulat. Was für eine schöne Vorstellung beim Wind-Laub-Belauschen. Er wollte es sich gemütlich einrichten auf seiner Bank. Alle Wörter wurden blitzschnell in Buchstaben zerlegt, die nun weitergereicht wurden, Stück für Stück, in rauhen Massen, nur noch einzelne Buchstaben, ganze Säcke voller Buchstabennudeln, und ausgeschüttet.
Ein Umfüllen der Buchstabennudeln von Behälter zu Behälter. Zuerst versuchte er, ob er seinen Namen daraus zusammenbekam, aus der Portion, die er gerade vor Augen hatte, auf dem Suppentellergrund. Da blieb kein Name übrig. Ein verschwörerisches Zerlegen auch seiner Person, ein kicherndes und zugleich ernsthaftes, gefährliches, ja feierliches Zerlegen, auch Verteilen, gleichmäßiges Verteilen, Verstreichen seiner Person? Warum war das so verlockend?
Jetzt wurde er genommen und zu den anderen knirpsigen Buchstaben geschüttet, und es rasselte ihm in den Ohren bei der beinahe kitzelnden, mühelosen Vermengung. Er ahnte in diesem knisternden Perlen und wieder trockenen Schäumen nicht, wo oben und unten war und wie er sich zwischen vielen anderen Pünktchen, Kügelchen, Bruchstückchen befand in europäischer oder noch viel weitläufigerer Gemeinschaft, partikelklein. Aber das Einverständnis war groß von allen Seiten. Es war eine

dem ziehenden Schmerz verwandte Struktur, ein angenehmes Entzündungspochen. Er war ein »n« oder »m«, klein geschrieben, auf einer sehr eng bedruckten Lexikonseite, und kam daher oft vor. War das dann jedesmal er, K. R. Schnurrer? Oder eine Logarithmentafel, alles Logarithmentafeln, dann eine Wellenbewegung und ein Herumwälzen in Laubgestalt wieder, eine riesenhafte Birkendreiergruppe. Es konnte nicht besser sein. Dann, eine Anordnung wohl, er hatte sie nicht gehört: Stille! Er wieder: Schnurrer, Vorstandsvorsitzender in diesem eben noch krausen Gremium und Herr Präsident von sich selbst. Alles in Ordnung, jedes Mitglied an seinem Platz.

Porträt Nr. 5

Ehepaar Dortwang

Bei einem Schrebergartenfest mit Tanz, Bier und Grillwürstchen gab es zwischen Herrn Dortwang und seiner Frau die wohl leidenschaftlichste Verständigung ihres ganzen zwanzig Jahre alten Ehelebens. Das Fest fand Ende September statt. Herr Dortwang, ein hagerer, grauköpfiger Mann, gehörte keineswegs dem Verein an. Er verbrachte seine freie Zeit hauptsächlich im eigenen, hinter dem Häuschen des Paars gelegenen Garten. Auch seine Frau hatte, wie ihn, der Zufall zu den Kleingärtnern verschlagen oder eben die Fügung. Sie wurde in einem bestimmten Augenblick während des Festes, kurz nach ihrem Eintreffen, weiß und rot, abwechselnd in schneller gefährlicher Folge, wohl weil sie sich nicht entscheiden konnte, und erst als ihr das Wort »Schicksal« einfiel, nahm ihr großes, rundes Gesicht wieder natürliche Farbe an, nämlich das Inkarnat einer ironischerweise permanenten leichten Entflammung wegen ihres Bluthochdrucks.

Herr Dortwang war ein umständlicher Erzähler. Das störte vielleicht nur deshalb, weil seine Frau, wenn er nach Wörtern zu suchen begann, was allerdings häufig vorkam, ihm schleunigst beisprang. Ob aus Hilfsbereitschaft oder reiner Ungeduld, ließ sich meist, wohl auch für sie selbst, nicht klar entscheiden. »Wir sind damals an diesem, diesem . . .« »Fluß spazierengegangen« ergänzte Frau Dortwang, und genauso »Fluß spazierengegangen« wiederholte und vervollständigte dann Herr Dortwang. Auf jeden Fall mußte er es selbst noch einmal sagen, was den Vortrag nicht fesselnder machte. Fuhr er dann einmal

anders fort »... Bach entlang gelaufen«, signalisierte das den Zuhörern schon ungewöhnliche Eigensinnigkeit. Allerdings passierte das hin und wieder.
Frau Dortwang war eine außerordentlich imponierende, energische Ehefrau, eine auch wegen ihrer Körperkräfte angesehene Altenpflegerin, die hinzuverdiente zum Gehalt ihres Mannes, der seine eigene kleine Firma aufgegeben hatte und als Elektriker in einem größeren Betrieb arbeitete. Das kam vor allem dem achtzehnjährigen Sohn zugute.
Mit ihrem Gatten hatte Frau Dortwang keine Schwierigkeiten, mit diesem insgesamt, nicht nur im Sprechen, ein wenig schwerfälligen, nur langsam zum Wesentlichen kommenden Mann. Sie war es vor allem, die bestimmte, welche Beziehungen zur Umwelt unterhalten wurden, legte die Urteile über gemeinsame Bekannte fest und ordnete an, wann sie geändert werden durften und in welcher Weise. Sie verstand darüber hinaus, auch das annähernd mühelos, ihren Mann im noch privateren Zusammenleben zu dirigieren, sich seinen stets zeitraubenden Betrachtungen zu entziehen durch ein »Ah, ich muß schnell noch ...« und ihn aus seinem Hang zur gelegentlichen, fast ins Schneckenhafte spielenden Melancholie aufzuschrecken durch laute Radiomusik oder hervorragend zubereiteten Heringssalat. Und so in allem anderen auch!
Herr Dortwang schien mit seiner tatkräftig-strammen Frau zufrieden. Meist sah man ihn ja nicht schwermütig, sondern herzlich lachend hinter blitzenden Brillengläsern, ja möglicherweise sogar spöttisch funkelten dann seine Augen, als begriffe er alles und amüsierte sich gelassen dabei. Sehr selten nur – und hatte man es einmal gesehen, war man mißtrauisch für immer geworden – stand

dieses Lachen plötzlich still, setzte aus und wurde grimassenhaft wieder aufgenommen, abrupt funkelnd, herzlich usw.
Für Frau Dortwang existierte außer diesem Lachen noch ein Lächeln, und das brachte sie, nur dieses eine, diese eine Verfehlung, in ihrem Innersten und verschwiegen, zur Weißglut. Eine junge Bekannte, längst von ihr abgeurteilt, erzeugte, nach ihrer Verbannung, sobald der Name fiel, auf Herrn Dortwangs Gesicht ein Träumen. Es überflutete seine Wangen, seine Augen, sogar seine Stirn glättete sich dann, und das Schlimmste: Er ahnte es selbst anscheinend gar nicht, es widerfuhr ihm in aller Unschuld. Frau Dortwang sagte den Namen ab und zu zur Kontrolle. Sie konnte ihn mit noch so viel Verdammnis belegen: Herr Dortwang lächelte verzückt in zärtlichem Erinnern, obschon doch nie etwas Anstößiges zwischen den beiden vorgefallen sein konnte und man die Person niemals wiedergesehen hatte. Aber auch das ging mit den Jahren vorüber. Freunde der Familie, Kollegen des Mannes, Verwandte, die, wenn sie der Hafer stach, lebhaft und lüstern von üblichen Ehebrüchen erzählten, wußte sie in gewohnter Manier abzuschmettern durch Berichte über das Alten- und Pflegeheim, wo sich das Leben zeigte, wie es war, jenseits solcher Mätzchen.
An einem Abend Ende August, nachdem er den Rasen geschnitten und sich geduscht hatte, ging ihr Mann, als hätte er es irgendwo gelesen, zum Briefkasten und kam nicht mehr zurück. Die üblichen Nachforschungen ergaben nichts. Bei der Polizei wies man sie auf das Klassische des Falles hin. »Bangen«, »Hoffen«, »Zorn« waren die Wörter, die nun, ließen Mutter und Sohn verlautbaren, den Zustand der restlichen Familie kennzeichneten. Für Frau Dortwang stand bald fest, als man weder einen Ver-

letzten, Toten oder Verirrten mit Gedächtnisverlust für sie aufgefunden hatte, daß ihr Mann auf und davon war, jeder Pflicht davongelaufen. O ja, wenn sie, arg bedrängt von Kreislaufbeschwerden, trotz aller Disziplin, ächzend auf ihrem Stuhl gesessen hatte, keuchend nachts im Bett (manchmal auch, um Entscheidungen zu beschleunigen): Wie konnte sie einstmals dann mit seiner Verzweiflung rechnen! In letzter Zeit hatte er nur still neben ihr ausgehalten, vielleicht aus vollem Herzen geistesabwesend hinter seinem ruhigen Gesicht. Und doch war dieser Streich zu unglaublich, als daß sie hätte kampflos resignieren können. Sie telefonierte, schrieb, wartete.
Ihr Sohn half dabei getreu. Fünf Wochen nach Herrn Dortwangs Verschwinden überredete er seine Mutter, ihn mit zu einem geselligen Abend im Schrebergartenverein seiner neuen Freundin zu begleiten, der Zerstreuung wegen und um endlich ein im Sommerschlußverkauf aufgrund der Kleidergröße günstig ergattertes Leinenkostüm auszuführen. Dort entdeckten sie beim zweiten Walzer auf der Tanzfläche Herrn Dortwang, heiter eine junge, ihnen unbekannte Frau umbalzend. Frau Dortwang rüstete sich, errötend und erblassend, zu Gefecht und Befehl. Da begegnete sie dem Blick ihres Mannes.
Es war ein Blick, der durchaus konventionell Bestürzung, Scham ausdrückte, auch Erleichterung darüber, daß sich nun das Versteckspiel dem Ende zuneigte, aber ebenso, alles ungerührt glasierend, die sanft unflätige Freude, sich einen Traum bis zum Rand erfüllt zu haben, und Frau Dortwang erkannte wankend und entmachtet die nie wiedergutzumachende Auflehnung, den an die Grundfesten gehenden Verrat, und sie brach spektakulär zusammen wegen dieser ersten Einsicht, nicht wegen der vergleichsweise läppischen Konsequenz, die lautete: Kor-

rektur ausgeschlossen, brach in fast letaler Implosion zusammen nicht einmal wegen dieser ersten Einsicht, vielmehr unter dem erstmals zündenden und sofort und für immer letztmaligen Wort- und Regimewechsel per Blick, dann aber, noch bevor sich die Ambulanz um sie bemühen mußte, fiel der unverzüglich Getrösteten das Wort »Schicksal« ein und leistete Beistand. »Schicksal«, sagte sie zu ihrem Sohn und in den folgenden Wochen bei jeder Gelegenheit zu ihren Pfleglingen, der Gesichtsfarbe nach konstant entflammt.

Porträt Nr. 12

Andreas Lenz

Drei Wochen vor seinem Tod, der auch enge Freunde trotz mehrfacher halbverschleierter Ankündigung überraschte, konnte man, wie damals häufig, Andreas Lenz in einer einfachen Eckkneipe sehen, abgemagert, erschöpft, aber rauchend, Kaffee trinkend wie besessen – es kam nicht mehr darauf an –, war ein Glas Weißwein halb leer, bestellte er schleunigst das nächste, schleunigst und pathetisch, als spreche er sich selbst das Todesurteil. Er nuschelte rücksichtsloser als früher und füllte die eigenen Sprechpausen mit greisenhaft tastenden Handbewegungen, derart auch die stummen Intervalle als ihm gehörende beschlagnehmend. Er hatte sich nicht mehr viele zugestanden, also waren die wenigen, die ihm noch verblieben, unabdingbar seine!

Er saß auf seinem Stammplatz, im englischen Sportpullover über einem Hemd in genau dem dunklen Ton, der sich in den Rauten des Pullovers mehrfach wiederholte. An anderen Tagen, speziell wenn er von der Spielbank kam, war er prächtig ausstaffiert mit rosa Fliege, die Augen festlich glänzend und viel zu groß im schrumpfenden Kindergesicht, das er erst in den allerletzten Tagen, als heiße Spur vermutlich, nicht mehr rasierte.

Nach seinem Tod sahen die plötzlich etwas sterblicher gewordenen Stammgäste von der Theke her über die Schultern auf den unbesetzten Platz, so, als würde von dort, aus einem Spalt heraus, auf ihren Rücken gezielt.

Obschon er nur noch selten für Zeitungen Artikel schrieb, verfügte Andreas Lenz in seinen beiden letzten Lebensjahren über genügend Geld für den ihm angenehmen Lebensstil. Gewann er beim Glücksspiel, verbrachte er oft anschließend die Nacht im Hotel, Luxusklasse, versteht sich, oder er reiste nach England und in den Nahen Osten. Zu einem gleichaltrigen, 43jährigen Matrosen hat er, vielleicht wegen dessen trotz elender Kindheit und Jugend engelhaftem Gesicht, gesagt: »Ich probiere alles aus, was mir einmal Spaß gemacht hat, es nützt nichts, ich schlafe im Stehen ein!«

In der Eckkneipe, wo er jetzt im Rautenpullover saß und den Leuten, die über die Stunden hinweg an seinen Tisch kamen, der Reihe nach die Leviten las, vielmehr der Welt: fanatisch, flüsternd, verschwörerisch, hat er das zum Matrosen Heinz gesagt. Noch einmal wollte er durch einen groß inszenierten Enthüllungsskandal ein gewaltiges Beben in allen Medien verursachen, mit einem der Mächtigsten der Branche wollte er sich anlegen, man wußte nicht: Machte er sein Weiterleben davon abhängig oder sollte es das Abschiedsfeuerwerk werden?

Zwischendurch erzählte er direkt und in Anspielungen vom Tod, vom Bestattungsunternehmer Lauscher, der (»Wer tüchtig ist, wird belohnt«) bis zu 500 Leichen im Jahr »betreut« hatte in seinen besten Zeiten, »bis auf den Himalaya hat er geliefert«, wisperte Andreas Lenz kichernd und sehr finster amüsiert, wechselte über zu einer Frau, die sich zum fünfzigsten Geburtstag einen Urlaub auf einer beauty farm gewünscht, statt dessen von den Eltern als Geschenk zum Zeichen ihrer Liebe und Sorge für die Alleinstehende, eine Gruft bekommen habe. »Nicht ditt und nicht datt, nee, eine Gruft«, lachte Andreas Lenz lautlos in sich hinein, schüttelte den knochigen Oberkörper und die unangefochten schönen braunen Locken. Er selbst habe kürzlich aber doch einen Riesenschrecken gekriegt, als ihn einer seiner Feinde auf der Straße sanft, fast ehrfürchtig angesprochen habe, »wie einen Sterbenskranken«, sagte Andreas Lenz schäkernd und rauchend wie von Sinnen dabei und die Zuhörer scharf observierend.

Wer öfter bei ihm saß, dem entging nicht, wie empfindlich, ja erzürnt er nachbohrte, wenn jemand eine argwöhnische – Andreas Lenz unterstellte despektierliche – Miene zeigte bei dem Wort »Selbstmord«, während er selbst mit Augen, die vor Süchtigkeit nach suizidalen Lebensenden noch dunkler wurden, polierte, gefährliche Kugeln, nicht genug davon kriegte, zu hören, daß sich ein Sterbefall als Freitod herausstellte. Eine tiefe Befriedigung, ein Triumph fast überglänzte dann kurzfristig seine Gestalt, wahrscheinlich weil es der Welt gezeigt wurde, die es nicht anders verdiente, die bestraft werden mußte mit solchen verstörenden, verächtlichen Abwendungen und Abgängen.

Seine Freunde einigten sich nach seinem Tod auf ein seriöses Motiv: Er sei gestorben in etwa aus »Haß auf den Gleichmut der Gesellschaft«, protestierend und rächend. »Er besaß einfach ein zu gutes Gedächtnis«, sagten die Beerdigungsgäste zueinander, »ein viel besseres Gedächtnis, viel treuer als wir.« Sie erinnerten sich des mißlungenen Presseskandals, seines Angewidertseins von der touristischen Aufmöbelung der Erde bis in die äußersten Winkel und ihrer gleichzeitigen, alles in allem akzeptierten Destruktion. Sie rissen, weil ihnen danach war, im Sinne des Verstorbenen, der auch die Stammheim-Affäre wieder aufrollen wollte, in ihrer Verlegenheit unanständige Witze. Den Matrosen mit dem Engelsgesicht und blonden, ein wenig grau durchzogenen Locken kannte, läßt sich vermuten, keiner von ihnen.

Der Matrose Heinz aber, der ohne Familie und Verwandtschaft war und sich besonders für die Sterne über dem Meer interessierte, hat drei Wochen vor dessen Tod am Tisch bei Andreas Lenz gesessen, war wieder im Lande und schnurstracks in die Eckkneipe gegangen, auf den sehr veränderten, unnatürlich jungenhaften und altmännerähnlichen Andreas Lenz zu. Er wußte nichts vom Presseskandal und wenig über die bundesrepublikanischen Intrigen, verstand auch nicht das andeutende Geraune des hinfälligen Mannes ihm gegenüber. Er sah die dünnen Wangen über dem Rautenpullover und das erlesenfarbige Hemd, das oben mit dem Kragen herausschaute, er sah, daß Andreas Lenz die Augen nur noch halb offen hielt und stammelte, wohl um sich mit der verbliebenen Kraft wachzuhalten, aber nichts hielt ihn wach, er versuchte zu toben über die Welt, auch das machte ihn nicht wieder lebendig und endlich, als sich ein weißhaariger Mann, der sich gekleidet hatte wie ein Gebirgsjäger, neben ihn setzte, dauerte es nicht mehr lange, und Andreas Lenz sank ihm an die wildfremde Brust wie ein Jünger – und ein anderer als der Matrose Heinz hätte vielleicht gedacht: wie ein Skeptiker, ein unermüdlicher, der sich an verborgener Stelle einem wohligen Aberglauben ergibt –, wie ein kleines Kind, sah jedoch der Matrose Heinz, das schläft mit verebbenden Atemzügen.

Porträt Nr. 13

Frau Ainz

»›Donnerwetter, Ihre Unterschrift steht ja noch wie eine Eins, Frau Ainz‹, hat heute morgen der Bankbeamte gesagt, der Gute! Nett gemeint. Im Prinzip habe ich den Witz natürlich in meinem Leben schon öfter gehört, so oder so«, sagte die recht alte Witwe Ainz zu einem Mann, der seit vielen Jahren ihr Anstreicher war, auch er nicht mehr jung, aber doch viel weniger alt als sie. Er hatte ihre Küche für die nächste Renovierung inspiziert, nun tranken sie gemeinsam Kaffee und ein Schnäpschen. »Ich träume nicht«, fuhr Frau Ainz etwas sprunghaft fort, »Sie etwa? Manchmal sage ich mir: Träume jetzt von Blumen, träume von dicken Schinken, aber nichts! Kein Traum, oft nicht mal Schlaf. Schlafen Sie eigentlich gut? Dafür träume ich noch immer am hellen Tag. Ach, man müßte noch einmal was Wunderbares erleben, eine herrliche Reise machen, in eine der Hauptstädte der Welt, und auf Geld käme es überhaupt nicht an!«

»Ganz unerfüllbar ist das nicht. Wenn Sie wollen, können Sie doch ganz leicht nach Paris. Selbst ich würde mich einen Tag frei machen, um Sie hinzufahren, wenn Sie es sich so wünschen«, sagte der Malermeister, der mit Herrn Ainz in dessen letzten Lebensjahren ab und zu Schach gespielt hatte. Frau Ainz antwortete nicht, rührte nur verdrossen in ihrer Tasse und zuckte hochnäsig die Schultern. Als käme es auf so eine billige Erfüllung an! Dieser Tölpel, er kapierte nichts. Ihr mit so was zu kommen! Jetzt schmiedete er doch tatsächlich schon Pläne, der Dummkopf, begriff gar nicht, wie solche Träumereien gemeint waren, wollte sie wahrhaftig ins verdammte

Paris verschleppen. Sie hörte nur halb hin. Was sollte sie aber tun an ihren langen einsamen Nachmittagen? Da nahm man sogar einen so gutmütigen Trottel in Kauf und tat was Löbliches damit. Hatte diesen schweigsamen Mann mal ein bißchen gelockert und zum Reden gebracht, ihm das Gefühl gegeben, ihr helfen zu können. Sah er nicht gleich viel männlicher in die Welt? Paris! Da merkte er mal, daß es noch andere Dinge gab als seine Pinsel und Farben!

»Sie sind im Männerchor? Aber kennen Sie denn noch Ima Sumac, die Urwaldindianerin, die indianische Nachtigall mit der unglaublich hohen und tiefen Stimme? Eine Stimme wie ein Urwaldvogel, eine Stimme, die Berge versetzen konnte! Aber sie ist nicht glücklich geworden. Der Stamm hat sie ausgestoßen und für immer verflucht, weil sie sich in die fremde Welt getraut hat.« Hier nahm der Malermeister Hartkopf ein merkwürdig befriedigtes, die Rachemaßnahmen zutiefst billigendes Lächeln an Frau Ainz wahr, das nicht zum Inhalt ihres Satzes paßte. »Wie bewundernswert mutig muß diese junge Frau gewesen sein!« sagte er vorsichtig, weil er nicht genau wußte, woher hier eigentlich der Wind wehte.

»Mutig, ja sicher. Das war ich als junges Mädchen auch.« Die Tasse ein wenig wegschiebend, gab Frau Ainz nun – Frau Ainz, die Freimütigkeit so sehr verehrte, wie sie sagte, und Geschwätzigkeit so streng verdammte, wobei aus eben gelobten Tugenden einige Tage später sehr leicht sträfliche Vergehen werden konnten – einige Episoden ihrer fernen Jugend zum Besten, und Herr Hartkopf, der sich nichts anmerken ließ, stellte mit Erstaunen fest, wie sie, verjüngt durch ein zärtliches, selbstverliebtes Lächeln, die Figur des jungen Mädchens, das sie einmal war, belud mit den interessanten Sehnsüchten ihres jetzigen Alters, die ihn trotz ihrer Diskretion verstörten, und sie zeichnete ihm also ein erotisch kluges, raffiniertes und kühnes Wesen, was ihn wiederum verwunderte, weil sie bei früheren Besuchen, als es um die Sitten der heutigen jungen Leute ging, ihre trotz aller Versuchungen eisern für die Ehe bewahrte Unberührtheit ins Feld geführt hatte. Heute aber war sie, offenbar zur Freude ihres Alters, eine vor ihr selbst entstehende, fast legendäre Nymphe und Nixe, voller Anmut und ohne Bedenken. Von schönen jüdischen Klassenkameradinnen erzählte sie, beneidenswert intelligenten, setzte sich jedoch von deren »sexueller Zügellosigkeit«, wie plötzlich zur Besinnung gekommen, ab: »Jud bleibt eben Jud«. Sie machte wieder das Gesicht von eben, als sie über Ima Sumac gesprochen hatte, sie meinte es gar nicht böse, sie erwartete eine kleine Zurechtweisung von ihm dafür, daß sie gesündigt hatte. »Aber Frau Ainz, was sind denn das für Töne?« sagte Herr Hartkopf, und sie senkte den Kopf und biß sich schuldbewußt auf die Lippen. »Das Unrecht an ihnen können wir nie wiedergutmachen«, kam sogleich von ihr, und er wußte, daß sie »Jud bleibt eben Jud« bei der nächsten Gelegenheit wieder sagen würde. »Man wird es uns Deutschen nie verzeihen können«, wiederholte sie reumütig, und er wußte, daß ihr Gedächtnis an Fakten viel interessierter als an Vergebungen war. Wie oft hatte sie ihm an diesem Tisch längst verziehene Verwandtschaftsbosheiten mit jäh neu auflodernder Empörung vorgetragen!

Er vertiefte sich, ihr immer weiter zuhörend, in die eigenartige Geste, die sich, wenn sie trank, neben ihrer Schläfe abspielte. Noch nie, während er hier gesessen hatte und in alter Anhänglichkeit an den verstorbenen Herrn Ainz

dessen Frau unter allerlei Vorwänden, die ihren Stolz nicht verletzten, mit einem Plauderstündchen über die leeren Stunden weghalf, war sie ihm so deutlich und die übrige Frau Ainz nahezu verdeckend, aufgefallen. »Ich müßte unbedingt den Boden aufräumen, die Bücher, die ausrangierten Sessel, die Blumentöpfe mit welkem Kraut darin. Stellen Sie sich nur vor, was das für einen Eindruck macht, wenn hier einmal eingebrochen wird und die Diebe auf den Boden gelangen!« sagte sie gerade, und nun hob sie wieder ihre Tasse, gleich würde es so weit sein, aber noch sagte sie einen anderen Satz: »Nicht, daß ich mit meinem Rasenmäher, diesem alten Ding, für das bißchen Gras vor dem Haus nicht mehr zurechtkäme, o nein, das schaffe ich noch, ich uralte Frau, so uralt bin ich noch nicht. Trotzdem will ich einen neuen. Dieser ist ja noch ein mechanischer. Was wird man in der Nachbarschaft denken, bei diesem altmodischen Geräusch!«
Sie trank, und während des Schluckens hielt sie die linke Hand neben der Schläfe anfangs rührend zur Faust geballt, um allmählich Finger für Finger zu entfalten, alle fünf Finger, jeder gestreckt wie eine Eins, bis sie ganz entfächert war, präzise dann, wenn sie die Tasse von den Lippen nahm, bei nach hinten geworfenem Kopf, ein Kapitulations- und ein Abwehrzeichen, ein Offenbarungseid und ein Stoppschild, gebildet aus ihrer nackten Hand, von dem sie, bei fest und eher resolut als zutraulich geschlossenen Augen, nicht das Geringste ahnte.

Die Wiese

»Ich kann den Kerl«, flüsterte ungefragt aus ihrem ausgedehnten Körper heraus die Frau, die mir im Wartestübchen, anders ließ es sich nicht nennen, gegenübersaß, »kann ihn nicht mehr ertragen. Prahmt und röstert seit einer Stunde von seinen Krankheiten. Tausende hat man selbst, überall, oben, unten, vorn, hinten, vom Zeh bis zu den Haarspitzen, sehen Sie mich nur an, Übergewicht, ja verdammt noch mal, was esse ich denn, darf ja gar nichts essen, bin allergisch gegen jedes, Salz, Pfeffer, Muskat, Senf, absolut jedes Gewürz, da, wo alles wieder rauskommt, ist die Haut ganz wund, verätzt und verbrannt, können Sie sich denken, ein Hammer, hier den Vormittag und Mittag zu warten, Curry, Paprika, Fondor, nichts! Ich kann nicht mehr sitzen, nicht mehr sitzen, nicht mehr sitzen! Das ist nicht Fett, das ist Veranlagung, ist Krankheit. Im Alter, ist mir schon prophezeit, stecke ich im Rollstuhl, nichts hilft mehr, vier Fachkräfte helfen nicht, der Rücken: total kaputt, bewege mich zu wenig, spüle im Sitzen, daher das Fett, wie soll ich mich rühren mit diesen Gewichten an den Knochen ringsum? Dazu dieser Kerl. Wird blind werden, hat Zucker. Ich kenn' das ja, immerzu von seiner Krankheit, wenn nicht Krankheit, dann Kriegsgefangenschaft, mein Gott. Mein Gott, 1955 zurückgekehrt als einer der letzten, aus den russischen Steppen, schöne Gegend, kenn's auswendig, war Panzergrenadier, die wurden extra festgehalten. Na und! Was nutzt uns das heute! Rechnen Sie nach, wie lange das her ist! Dann wieder die Krankheit. Der Kerl macht mich krank. Fette Beine, fette Finger, fetter Nacken, fetter Hintern. Ich vergesse leicht, auch Menschen, alles. Es erbittert mich, es gefällt mir nicht, aber ich kann alles, auch Freunde, leicht abtun. Was vorbei ist, ist vorbei. Traurig! Fürchterlich! Warum sterben auch alle so schnell dahin. Dagewesen und wegrasiert. Was war dann aber das Ganze wert? Da kann man doch gleich das Gedächtnis verlieren! Kein Finanzamt, keine Rentenversicherungsanstalt, kein Wahlzettel, kein Durchfall, keine Verstopfung. Ich selbst, was das Schönste wäre, im Ernst: möchte unsichtbar sein. Weg und verschwunden, von der Bildfläche federleicht weggeweht, ein Samenflöckchen, wie reizend, ein Hauch. Was für ein Glück: nicht da, nicht mehr da. Weg und vergessen, doch lebendig noch. Bin verrückt danach, Juniwiesen, hohe Gräser, kein Halm geschnitten, wie sie blühen und zittern und tun und machen und geschoben werden wie Wassermassen und plötzlich auch kreiseln, Inselchen, rundumgeschwenkt, im Spaß, im Wind, dieses Dunstige, schaumartig Leichte, ob die Sonne dafür sorgt, das Blühen, der Regen, ich weiß es nicht. Knäuelgras und Rohrglanzgras. Wollgras und Kammgras und Wiesenfuchsschwanz und gleichzeitig: alles egal, die Namen und wiederum: keine Namen, alles Wiese, schlägt gegen Waldränder, trüber Himmel am besten, vielleicht. Das ist mein Schönstes, das sehe ich an, da geht mir das Herz so sperrangelweit auf, und ich werde klein, immer winziger, dünn und mager und dürr und ein Faden und dann, dann bin ich nicht mehr da, da ist nur noch die Wiese, die hoch, so hoch wogende, schwankende, schaukelnde, wie schön beschwipst, von mir aber nichts, sie hat mich geschnappt, ist übergeschwappt, über mich gestülpt, und endlich bin ich das, was ich will. Erkennen Sie mich? Wie ich quassele und flüstere mit den Halmen aus der Fettwiese und der Fettweide und der Feuchtwiese heraus, nur quatsche und flüstre vor mich hin, vor mich hin.«

Textnachweise

I B. K.: Der unvermeidliche Gang der Dinge. Göttingen: Ibnassus Presse, 1974. – Mit Genehmigung der Autorin.

II B. K.: Vom Umgang mit der Natur. Hamburg: Dreibein, 1977. – Mit Genehmigung der Autorin.

III B. K.: Die gemusterte Nacht. Erzählungen. Stuttgart: Klett-Cotta, 1981. – © 1981 J. G. Cotta'sche Buchhandlung Nachfolger GmbH, Stuttgart.

IV B. K.: Schnurrer. Geschichten. Stuttgart: Klett-Cotta, 1992. – © 1992 J. G. Cotta'sche Buchhandlung Nachfolger GmbH, Stuttgart

V B. K.: Porträt Nr. 5. Ehepaar Dortwang. In: neue deutsche literatur 41 (1993) H. 1, S. 42–45. – B. K.: [Porträt Nr. 12.] Andreas Lenz. In: Literatur und Kritik 9 (1992) S. 35–37. – Porträt Nr. 13. Frau Ainz. – Erstveröffentlichung. – Die Porträts sind, mit Genehmigung der Autorin, dem bisher unveröffentlichten Zyklus *Von Ambuch bis Gartmann. Fünfzehn Porträts* (1991/92) entnommen.

VI B. K.: Die Wiese. In: Nach Musil. Denkformen. Hrsg. von Lucas Cejpek. Wien: Turia & Kant, 1992. S. 132 f. – Mit Genehmigung der Autorin.

Nachwort

1

»Im Alter von vier Jahren fing ich an, mir täglich bis zur Süchtigkeit von meiner Mutter eine Geschichte zu wünschen, keine Märchen, sondern Vorkommnisse aus ihrem eigenen Leben.
Im Alter von sieben Jahren begann ich, für meinen Vater als Schönschreibeübung kleine Texte, statt fremde abzuschreiben, zu erfinden.
Im Alter von dreizehn oder vierzehn Jahren erhärtete sich mir der Verdacht, daß die Geschichten meiner Mutter keine wirklichen Erlebnisse, sondern nur sehr gekonnte, verbale Lebensstilisierungen eines Naturtalents waren.
Im Alter von vierzehn oder fünfzehn Jahren beschloß ich, Schriftstellerin zu werden.
Im Alter von zwanzig Jahren spätestens wurde mir klar, daß die traditionellen Geschichten ausgedient hatten.
Im Alter von zwanzig Jahren war ich den Erzählungen meiner Mutter weiterhin verfallen, auf der Ebene der laienhaft gebannten Zuhörerin und der schon professionellen Ebene des Handwerklichen: Welche Tricks benutzte sie?
Im Alter von circa dreißig Jahren las ich ›Des Girolamo Cardano von Mailand eigene Lebensbeschreibung‹ aus dem 16. Jahrhundert, für mich wurde daraus der Anfang einer Systematisierung und einer endlich sich abzeichnenden Lösung, wie ich – vorerst – Kritik an der konventionellen Geschichte und mein ungehörig andauerndes Interesse an ihr unter einen Hut bringen konnte.

Heute verblüfft mich, beim Zusammenstellen einer Sammlung von Erzählungen aus zwanzig Jahren, wie hartnäckig, bei allen tatsächlichen und vielleicht eingebildeten Entwicklungen, alle Texte den Clinch von Leben und Literatur umkreisen.«

So etwa könnte ich mir, aus lauter selbstfabrizierten kleinen Einzellegenden einen künstlerischen Werdegang in Stichwörtern konstruieren, analog der zehnteiligen Serie »Strophen zu einer Beobachtung« und entsprechend der »Frau Mühlenbeck« in meinem ersten Roman.

2

Andererseits bin ich, wie gewiß viele Kinder, durch die Erzählungen Erwachsener (z. T. in pädagogischer Absicht vorgetragene Ereignisse und beispielhafte Vorkommnisse) mit den vitalen, mündlichen Erscheinungsweisen und Bemächtigungsstrategien der Literatur konfrontiert worden.

Das passierte nach meinem Wunsch und zu meinem großen Vergnügen. Ich bemerkte aber natürlich nicht, in welchem Maße mir diese Geschichten, die sich auch auf von mir miterlebte Situationen bezogen, meine eigenen Wahrnehmungen modellierten, auch: auffraßen! Wie also das gesamte überlieferte, in den Köpfen der Erwachsenen verwurzelte Instrumentarium der Literatur (das dramatisierende Vokabular, all die Adverben, die die Welt nach lokalen, temporalen, modalen, kausalen Umständen gliedern, raffen und dehnen, das Setzen von Anfang und Ende, Selektion auf ein Ziel hin, Hierarchisierung nach Beweisführungsaspekten, Organisation von Zusammenhängen usw.) auf ein noch unschuldiges, höchst beeindruckbares Sensorium einwirkte, auf ein Gemüt, das Leben und Literatur für ein und dieselbe Sache halten mußte, noch vor jeder Lektüre. Ein pralles Leben war diese Literatur ja selbst, viel kraftvoller als das, was ich selbst für mich dann übrig hatte.

Die pathetische Konsequenz: Damit ein Lebensrest blieb, mußte die Literatur vernichtet werden, jedenfalls erobert, mit eigenen Waffen geschlagen, wenn ich mich nicht darauf beschränken wollte, immer nur sie in meinem eigenen Leben aufzufinden (ihr auf den Leim zu gehen).

Schreiben demnach als Versuch, den überkommenen literarischen Mustern eine Gegenwehr zu errichten, gerade da, wo man das mütterliche Erzählraunen nachzuahmen scheint? Die vielen älteren und alten Frauen meiner Prosa haben hier ihren Ursprung, der bis in den letzten Text dieser Sammlung »Die Wiese« wirkt.

3

Aber noch einmal andererseits: Die materielle Welt, der man von Anfang an gegenübersteht, ist frei von Literatur. Für einen drei-, vierjährigen Menschen ist sie, wenn ich mich recht erinnere, gemessen an seinem Fassungsvermögen, wirr, aufregend, beängstigend, chaotisch, sobald die schützenden Sinnesbarrieren und die Obsessionen des Säuglingsalters (Essen, Schlafen, Erkennen der nächsten Gesichter) wegfallen. Den Anblick der brennenden Kirchtürme der bombardierten Stadt Münster habe ich als Zweijährige noch gut verkraftet, den Eintritt in den Kindergarten nicht mehr. Man muß sich daher die Außenwelt zurechtlegen, nach eigenen Bedürfnissen

staffeln und sie mit Bedeutungen ausstatten – die erzählten Geschichten machen es vor. Eine in erster Linie immaterielle, ›literarische‹ Maßnahme.
In den meisten der vorliegenden Geschichten bildet ein »Ich« den organisierenden Mittelpunkt. Zu keinem Zeitpunkt aber ist es mir darauf angekommen, hier von mir, also autobiografisch zu erzählen, wenn auch allerdings häufig von eigenen Beobachtungen ausgegangen wird, in den ersten Seriengeschichten in neun von zehn Fällen. Entscheidend ist allein, daß ein »Ich«, ob diese oder jener, ob Mann oder Frau, stellvertretend für potentiell »jedermann«, etwas betreibt, was nun jedoch striktest auf einer für die Literatur, die ich schreibe, wesentlichen Erfahrung beruht. Die zentrale Person schlägt um sich einen Kreis, erbaut ein Gebäude individueller oder adaptierter Zusammenhänge und Schlüssigkeiten, allmählich oder plötzlich, plausibel oder offensichtlich irrtümlich. Sie bringt das, was ihr zustößt, in die ihr einleuchtende Ordnung, oft willkürlich genug. Und die Welt scheint sich ja im Bewußtsein des »Ichs« diesen Anstrengungen zu fügen, wenigstens dort, und das ist nicht zu unterschätzen! Selbst wenn die daraus möglicherweise folgenden Handlungen ausgespart bleiben im Text.
Das Idyllisierende dieses Vorgangs ist unverkennbar, aber es gehört nun mal zu unserem Umgang mit der Wirklichkeit, ob wir uns das eingestehen oder nicht. Was wir uns zurechtreimen ist im Vergleich zur Realität idyllisch, strukturell idyllisch, egal ob das Reimwort ein hübsches oder häßliches ist. Ohne solche – zwiespältigen – Gehäuse, solche »Ideologien«, das ganze Leben und minutenkurze Erlebnisse betreffend, geht's nun mal nicht.

4

Dieses Zurechtlegen der Wirklichkeit in unseren Köpfen läuft wohl viel weniger persönlich ab, als man sich vormachen möchte, sondern eben nach literarischen Mustern. Insofern hat die Literatur, die in unserer Gesellschaft offenbar eine immer geringere Rolle spielt, in unseren Gehirnen – und dadurch unsere Aktionen bestimmend – eine ungebrochene Macht. Diese ›wilde Literatur‹ interessiert mich mindestens so sehr wie die gedruckte, die vulgarisierten Kunstrudimente in Bewußtsein und Unterbewußtsein von jedermann eben so wie die Literaturkunst in den Büchern.
Hier sind für mich Leben/Gesellschaft und Literatur unauflöslich verknotet, eins durchsetzt das andere. So deutlich, eigentlich überflüssig es zu sagen, Literatur politische oder, wie ich es praktiziere, Ideologien der Wahrnehmung darstellen kann, so wenig kann sie, ohne sich aufzugeben, im Dienst einer Ideologie stehen, nein, auch nicht der feministischen! Aber stehe ich nicht selbst eben in diesem System meiner privaten Sichtweise? Ja, aber skeptisch!
Zwischen zwei Möglichkeiten schwanken, reichlich grob unterteilt, die hier versammelten Texte. Entweder ergibt sich das »Ich« den ambivalenten Wonnen einer von außen verordneten Sehweise oder es splittert diese zugunsten einer eigenen Konzeption, Utopie? auf. Etwas anders unterschieden: Das »Ich« verfestigt sich, indem es sich bereits aufgestellten Kategorien, Mustern, Weltinterpretationsmodellen anschließt, oder es verflüssigt sich.
Diese letzte ist eine gefährliche, ungeschützte, aber nicht selten von den Helden meiner Geschichten angestrebte Befindlichkeit.

5

Oder strömen sie diesem Zustand der Auflösung eher zu? Mit vier Jahren erlebte ich, zufällig allein, auf einer österreichischen Dorfstraße, wie der Boden, aus zunächst unklarer Ursache, unter meinen Füßen zu beben und die Luft zu dröhnen anfing. Eine Erschütterung, bei der auch heute, in der Erinnerung, physische und psychische Entgeisterung nicht zu trennen sind. Es handelte sich um die Panzerkolonnen der amerikanischen Befreier.

Wie gesagt, die Bombenangriffe auf Münster, zwei Jahre zuvor, konnten damit in keiner Weise konkurrieren. Ich war jetzt älter und darüberhinaus gewöhnt an eine in solcher Vollkommenheit von mir nie wieder empfundene Naturumgebung, aus der wir, um den Schrecken hundertprozentig zu machen, in die Trümmer des Ruhrgebiets zurückkehrten, an den – dann später sehr geschätzten – Ort meiner Kindheit und frühen Schulzeit. Das Muster für eine weitere autobiografische Mystifizierung läge also auf der Hand:

Das »Ich«, »Sie«, »Er« meiner Geschichten versucht, wenn es sich in der Heimat der bereitgestellten Schablonen nicht identisch fühlen kann, die Befreiung in ein Zerstäuben, versucht nicht nur ein Zertrümmern jener ›literarischen‹ Ordnungen, die Gesellschaft und rauhes Erwachsenenleben anbieten und aufzwingen, sondern eine Eigenauflösung: eine Preisgabe der härtenden Konturen hin auf ein Verschwimmen mit einem größeren Zusammenhang. Im besten Fall also nicht ein bloßes Entfliehen vor den »Ideologien« der Gesellschaft, vielmehr eine Auslöschung in einen Hintergrund oder Boden hinein, in die Natur!

Dagegen einzuwenden wäre, daß die Natur, der jemand

wie ich beinahe alles verdankt, ein viel zu komplexes, widersprüchliches Phänomen ist, als daß die Zuschanzung dieses Parts zufriedenstellen könnte. Ihr sind, meinerseits, auf allen Gebieten ganz andere Rechte eingeräumt.

6

Einmal davon abgesehen, daß man, da man Teil von ihr ist, gar nicht aus ihr hinaus und ihr nur theoretisch ›gegenübertreten‹ kann und daß es jenseits aller Heimat-, Touristik- und Gesünder-Leben-Schwärmerei gegenwärtig kein Thema von größerer politischer Brisanz gibt als eben die Natur, interessiert sie mich als schierer Anblick, vergleichsweise unabhängig in dieser Hinsicht von dem, was man mit fast stündlichem Fortschreiten über sie erforscht. Mit anderen Worten: Sie beeindruckt mich dort, wo die Wissenschaft sie links liegen läßt: als ästhetisches Ereignis. Wo sie am nacktesten und verschlossensten zugleich erscheint, wird sie selbst zum literarischen Instrument, oder müßte man sagen: Wirkungsfaktor? Zum einen kann sie alles Abstrakte, Gedanken- und Dünkelhafte schlucken durch Präsentation ihrer Anblicke, zum anderen per Anschauung, via Bild je nach Betrachter in diesem Assoziationen der paradiesischen und der höllischen Art, den Anlaß weit übersteigend, wecken. In beiden Fällen bleibt sie stumm. Sie wirkt, aber wehrt sich nicht. Und bleibt zuverlässig konkret. Ist man gewitzt, versucht man als Schriftsteller nicht, sie zu benutzen. Man verbündet sich mit ihr. Das ist im Leben, nehme ich an, nicht anders.

Auch wenn das Hin-und-Herschießen der Textmoleküle gelegentlich stark gegen die verdeckte Gesamtstruktur ausgereizt wird, sollten trotzdem die scheinbar zufälligen Details, von einem verborgenen Schwerpunkt bestimmt, zumindest als Teile eines magnetischen Feldes spürbar sein. Ich wünschte mir aber darüberhinaus, meine Geschichten würden, durchaus wörtlich, »eine gute Figur machen«, am liebsten, wenn auch kaum erreichbar, wie ein Blatt, das seine Mikroorganisation in unnachahmlicher und ja keineswegs langweiliger Diskretion verbirgt in und unter seiner jedem Auge erkennbaren ovalen oder gezackten Erscheinung, je nach Jahreszeit oder Witterung schwankend und dennoch fest.

Brigitte Kronauer

[illegible]

[illegible]

[illegible]

[illegible]

[illegible]

[illegible]

[illegible]

[illegible]

[illegible]